林肯外传

他慈悲怜悯，充满爱心，在平凡中突显不平凡。

Dale Carnegie

（美）戴尔·卡耐基／著　　牧　村／译

二十一世纪出版社集团
21st Century Publishing Group

图书在版编目（CIP）数据

林肯外传 /（美）卡耐基著；牧村译 . —南昌：二十一世纪出版社集团，2015.6（2021.4重印）

ISBN 978-7-5568-0820-5

Ⅰ . ①林… Ⅱ . ①卡… ②牧… Ⅲ . ①林肯，A.（1809–1865）—传记 Ⅳ . ① K837.127=41

中国版本图书馆 CIP 数据核字（2015）第 101304 号

林肯外传 戴尔 · 卡耐基 / 著

责任编辑 敖登格日乐
出版发行 二十一世纪出版社集团
（江西省南昌市子安路 75 号 330009）
www.21cccc.com cc21@163.net
出 版 人 张秋林
经　　销 新华书店
印　　刷 三河市同力彩印有限公司
版　　次 2015年8月第1版 2021年4月第2次印刷
开　　本 880 × 1230 mm 1/32
印　　张 7.75
字　　数 150 千
书　　号 ISBN 978-7-5568-0820-5
定　　价 30.00 元

赣版权登字—04—2015—399

林肯逝世的第二天，小泰德问一位到白宫来的访客，他的父亲是不是在天堂。

“我丝毫不怀疑啊！”客人答道。

“那么，我很高兴他已经去世，”泰德说道，“因为自从他来这里以后，从未快乐过，这个地方对他是不相宜的。”

目　录

第三部　南北战争

前 言

戴尔·卡耐基

有一年春天，我在伦敦的旅馆中吃早餐，和平常一样翻阅早报，看着一些关于美国的新闻，大多是一些很平凡的报道；但在那个早上，却意外地看到一篇内容丰富的好作品。

报纸的一个专栏刊载着亚伯拉罕·林肯的事——不提他的政治，却是谈论他的私生活；他的忧愁、贫困、失败和他对安妮的崇高爱情，以及和玛丽·托德的悲惨婚姻生活。

我带着极大的兴趣和好奇，阅读这段专栏。我在中西部生活了20年，住在离林肯故乡不远的地方；我对美国的历史一向是极感兴趣的。本来我以为自己对林肯的生活是相当熟悉的，但不久即发现并非如此。事实上，我这个“美国人”倒是经由伦敦的报章——一个爱尔兰人写的专栏，才认识到林肯的生平，真是非常有趣！

同时我也讶异于自己的“无知”，但不久之后，我发觉有许多人也和我一样。他们对林肯所知道的，便是——他在一间小木屋里出生，走过好几英里路借书，到了晚间就在炉火前阅读；他劈过栅栏木，当过律师。会讲一些幽默有趣的话，曾经有人问他："一个人的两腿该有多长？"林肯回答："必须有足够触地的长度。"他被称为"老实的埃布尔"。他曾和道格拉斯辩论过；当选美国总统，戴的是丝质大礼帽。解放黑奴，在盖茨堡曾演说过；他希望晓得格兰特爱喝什么牌子的酒，以便也赠送其余的将官们；而终于在华盛顿的一家戏院里，被布斯暗杀了……

这引起了我的兴趣后，我便前往大英博物馆，翻阅有关林肯的书籍，愈读愈着迷，终于决定要自己写一本关于林肯的书。我知道我没有足够的学养和才干，来为学者或历史人物写出严肃的传记，我觉得关于这类书籍，已比比皆是，再也用不着我来写了。然而，我深觉需要有一本简短的传记，简洁扼要地说出他生平中最有趣的事，让忙碌的现代人看。

我在欧洲写了一半，而后又在纽约写了两年，最后将所写的东西全投入废纸篓。然后我到伊利诺伊州，打算在林肯幻想或劳碌过的地方写他的故事。好几个月间我都和一批人在一起，他们的父母都曾和林肯一起工作过。那时，我整天埋在旧书堆、信件、演说稿、报纸堆，以及陈腐发霉的法院存盘的记录中，尽力想要去了解林肯。

我在彼得斯堡待了一个夏季。我住在那里，因为它离新沙连村仅有一英里路，而林肯便是在那村子度过他生平最快乐的岁月。他在那里开过一家磨石店和杂货店、学习法律、干过织匠、当斗鸡和赛马的裁判，也曾恋爱，也曾伤心失意。

新沙连是个小村子，居民最多不超过 100 人，而它也不过存在了 10 年左右。当林肯离开那村子后不久，它就被弃而变得荒凉，蝙蝠和燕子在弃屋里栖息，牛群也在那里吃草。

几年以前，伊利诺伊州政府获得那地区，把它改建成一座公园，并且盖起一百年前当地曾有过的木屋。所以现在的新沙连村，看起来宛如林肯在世时的样子。

林肯曾在下面读书、角力或谈情说爱的那几棵橡树，现今犹在。每天早晨，我总是拿着打字机，开车到那儿，本书大部分章节便是在那棵树下完成的。它是个多么适合工作的地点啊！蜿蜒迂曲的桑嘉孟河在我面前流过，周遭树林的摇曳声与鸟声合奏着天然乐曲；而青鸟、金翼啄木鸟和红雀，在树木参差中闪着色彩。我仿佛感觉到林肯仍在此地徘徊！

夏夜，当桑嘉孟河堤上的树林有鸠鸟啼叫时，或当罗特利基酒店的轮廓浮现在月光下时，我常独自到那里去。想象着在一百年前，在这样的夜里，年轻的亚伯拉罕·林肯和安妮·罗特利基，手牵手在月色茫茫中漫步，心中不禁激动起来。他们一边倾听着夜莺叫声，一面幻想着绮丽的梦。我深信林肯已在新沙连村，找到了他此生唯一的快乐。

当我着手写到有关林肯情人死亡的那一章时，我便带着一张小桌子和打字机开车到安妮·罗特利基埋葬的地方。那里荒废不堪，长满丛树，为了走近她的坟墓，必须将杂草、矮树和藤蔓割除掉。我就在这个林肯曾经痛苦哀伤过的地方，写下了他的悲伤史。

许多章节都是在春田市写成的，有些则在林肯住过16年之久的老家客厅，有些在他撰写第一次就职演说文的桌子上，而其余的便是他在法院和玛丽·托德争论的地方完成的。

第一部

艰辛岁月

1.

在肯塔基州的哈洛堡——当年称为哈洛村——有个女人名叫安·麦琴迪。

根据历史记载，是安和她的丈夫，首先将猪、鸭和纺车带进肯塔基。在那未开化的荒野里，据说她就是第一个制造出奶酪的女人。然而她的成名，却是她在纺织方面的贡献。在那神秘的印第安区，棉花既无法种植又不能买到，而狼群总是在噬害绵羊，因此想要寻找材料做衣服几乎不可能。于是能干的安·麦琴迪便发明了纺织的方法，利用两种又丰富又便宜的物质，即荨麻和牛毛制造“麦琴迪布”。

那是一件惊天动地的发明，主妇们纷纷跋涉 150 英里路，以学习这种新技艺。当然她们不只是谈论荨麻和牛毛，常常会天南地北聊个没完，安·麦琴迪的茅屋不久便成为公认的马路新闻的交换场所。

在那个时代，通奸是可以提起公诉罪，而私生子却是一项很轻的罪。很明显地，在当时最令人感兴趣的事莫过于揭发一些女子的过失，然后向大陪审团告发。在哈洛村的法庭里记录着许多不幸的女子，都是由于安·麦琴迪的揭发，而被判通奸之罪。

1783 年春季，有 17 个案件被审，其中 8 件是关于通奸的。

在这些案件中，有一件是 1789 年 11 月 24 日，由大陪审团提起公诉后，所做的判决如下：

露西·哈克斯犯通奸罪。

这不是露西的头一次犯罪——头一次还是好几年前在维吉尼亚的事。

那是很久以前的事，缺乏记录，只有一点粗略的事实，并没有必要加以说明。不过从这些数据或其他来源，还可以重编一个故事。无论如何，那些主要的事实，都是有所根据的。

在维吉尼亚州有一块狭小的土地，其一边是拉巴汉诺河，另一边是波多马克河，这里就是哈克斯家族的所在。在这一块地上，还住着华盛顿家、李家、卡特家和蒙特利洛伊家，以及其他许多富贵阶级的家族。这些贵族们在基督教堂参加礼拜，而一些贫穷又缺乏教育的家族，像哈克斯家族之流也在那里做礼拜。

1781 年 11 月的第二个礼拜天，华盛顿将军邀请贵宾拉法艾德将军莅临教堂，众人引颈迎接。露西·哈克斯和往常一样去做礼拜。每一个人都急于要瞧一瞧这个闻名的法国人，就在一个月前，他曾经帮助华盛顿，在约克郡俘虏康华利斯爵士的军队。

那天早晨最后的一首圣诗唱完并祷告过后，教区的居民们就排成一列，和这位英雄握手。拉法艾德将军除了战术和国家大事外，还对其他事情有嗜好，他对年轻美貌的妇女尤感兴趣。凡是具有吸引力的小姐一经介绍，他的惯例总是以接吻为礼仪。在这个早晨，他便在教堂前吻了 7 个女子。由于如此做法，便引起了许多的争议，胜过牧师高唱入云的路加福音第三篇。他所吻过的 7 个幸运女子中，有一个就是露西·哈克斯。

然而，这一“吻”竟然触发一连串的事件，对于美国的影响犹如他协助美国所打的仗一般，或许影响更深。

那天早上在群众里有个未婚男子，是个富贵人家的未婚男子，他对哈克斯家只有模糊的印象，认为他们是目不识丁、又极度贫困的家庭。

但是这个早晨——也许这可能是神经过敏——他觉得拉法艾德将军吻露西·哈克斯的时候，似乎比吻其他女子更带着一些热忱和情意。

这个大地主原来就崇拜那个法国将军，认为他不但是军事天才，又是美女的鉴定家。于是他就开始对露西·哈克斯加以幻想了。

当他仔细思索时，他记起世界上一些著名的美人，有好几位是出身像露西·哈克斯一般的贫困环境，有一些则简直是在更卑陋的环境中。例如，汉弥顿夫人以及杜巴里夫人，原是一个穷困裁衣匠的私生女。杜巴里夫人简直是个十足的文盲，而她在路易十五的宠爱之下，几乎是统辖了法国。这些前例是令人快慰的，于是促使这个未婚男子认为值得去实现这个愿望。

这天是星期天。星期一他整天在心中盘算这件事；到了星期二早上，他便驾临哈克斯小姐的小屋，雇用露西为她农场的女仆。

他已经拥有大批奴仆，他并不需要增添仆人。虽然如此，他还是雇用露西，指派她一些轻松的家事，不让她去和一般奴仆为伍。

当时维吉尼亚州的许多名门世家，都要送小孩到英国去受教育。露西主人就曾经读过牛津大学，所以他将珍藏的一批书带回美国。有一天，他无意中步入书房，发现露西坐着，手执抹布，正在看一本历史书中的图片。

以一个仆人而言，那是一种不寻常的事，但是他并没有谴责她。他随手关上书房的门，坐下来帮她读图片下面的说明，又把意义告诉她。

她津津有味地听着。而出乎他意料之外的是，她说她想念书。

远在 1781 年时，一个女仆会有那种渴望是很惊人的。当时维吉尼亚没有国民学校，一半以上的地主都不会签名，妇女们要转让土地时，也都只是随意画个记号罢了。

而这里竟有一个女仆想念书写字！绅士们若不以为那是具有革命性的，也总认为有点危险性，但她的主人却很感动，自愿做她的教师。那天晚饭后，他便在书房教她认字。数日后，他握着她的手，教她如何书写，也颇有成绩。至今她的一张手稿犹在，可看出她书写时是十分稳健自在的，表现出坚强的魄力和勇敢自信。她不但会用“核准”（approbation）这类长字，而且拼法正确。当时即使像华盛顿一流的人们，拼字也不免有错，可见那是很难得的。

每晚功课完后，露西和她的教师便在书房并肩而坐，注视着火炉里跃腾的火焰，或欣赏越过林边徐徐上升的月亮……她爱他，而且信赖他。但信赖得太过分了……终于不安的日子来了。她吃不下，睡不着，担忧得面容憔悴。当她再也无法隐瞒时，只得告诉他，已经有了他的孩子。当时他也考虑到和她结婚，但仅仅是一时的想法而已。家庭、朋友、社会地位、纠葛、不愉快的场面……不！而且他已开始厌弃她了，所以他给她一些钱就打发她走了。

几个月后，人们开始指责露西，且避开她。

一个礼拜天早晨，她无耻地将婴孩抱到教堂来，群众哗然！那些良家妇女大为愤慨，有一个人甚至站起来要求“把那个荡妇赶出去！”

那是很够难受的！露西的父亲不愿再让女儿受辱。于是哈克斯家族就将所有的财产家当装进运货马车，沿着旷野道路，经过甘巴兰山峡，到肯塔基的哈洛村定居下来。在那里无人认识他们，也不再有闲言闲语了。

但是在哈洛村，露西还是十分漂亮，一样对男人有强烈的吸引力。她又被追求，于是又坠入情网。消息一传十，十传百，终于传到安的耳中。于是，大陪审团告发露西通奸。但法官深知露西并不是法律可以制裁的，所以把传票往口袋里一塞，便外出打猎，而将这事置之度外。

那是 11 月间的事。到次年 3 月又开庭了，有个女人带着有关露西更多的传说和诽谤前来告状，于是传票再发出去。愤怒的露西把它撕裂，丢在来人脸上。5 月法院将再开庭，如果不是有一个了不起的青年为她解围，露西迟早还是会被迫出庭的。他的名字是亨利·史拜楼。他骑马进城，在她茅屋前拴好了马，就直接走进屋里去。“露西，”他（可能）对她说，“我不管这些女人怎么谈论你。我爱你，愿娶你为妻！”总之，他向她求婚。

尽管如此，她却不愿立即结婚，她不愿人家以为史拜楼是被迫娶她的。

“我们再等一年吧，亨利。”她坚持着说，“在这期间我要证明我是能够安分过日子的。假如一年后你仍然要我，我必定等着你。”

1790 年 4 月 26 日，亨利·史拜楼立刻到法庭领取结婚证书，而后再也没有听到传票的事了。差不多一年后，他们便结婚了。

但那群女人又开始摇头饶舌：那个婚姻是不会持久的，露西终究是要故态复萌的！每个人都听到了，连亨利·史拜楼也听到这些闲话。他为露西着想，于是建议往西迁移，换个环境，一切重新做起。她拒绝了那种庸俗的逃避方式，她说她并不坏；她昂首不屈地说，她决不逃避。因此就决意在哈洛村定居下来，奋斗到底。

果然，她养育了8个子女，在这地方恢复了她的声誉。

后来她有两个儿子做传教士，一个外孙（亦即她那个在维吉尼亚时的私生女的儿子）做了美国总统，那就是——亚伯拉罕·林肯。

我述说这个故事是要表明林肯的直接世系。

他本身对于良好教养的维吉尼亚祖父，亦敬重备至。

威廉·H·赫登是林肯在律师业上21年之久的同事，他大概比任何人都更了解林肯。他写过一部3册的林肯传记，于1888年出版，这是无数有关林肯传记中最重要的一部。现在我摘录第一册第三、第四两页如下：

关于他的世系，我记得有一次林肯曾经提起过。大约在1850年，当时我们同乘马车到伊利诺伊州美那特郡的法院，我们所要审问的案件，是一件牵涉到遗传特征的问题。在途中，他第一次很明白地对我讲起他的母亲，讲到她的性格，并说他从她那儿遗传到什么性格。他特地提到她是露西·哈克斯和一个有教养的维吉尼亚地主的私生女；他认为他的分析能力、理解能力、智商、志气、和一切举止，使他有异于哈克斯家族后裔之性格，都来自这上一代。有一段时间，他认为私生子往往比一般儿童更健康聪明；拿他来说，他相信他的美德都来自这个宽容大度、默默无闻的维吉尼亚祖父。

这些话虽然是痛苦的，引起了他对母亲的追忆。当马车在路上颠簸的时候，他感叹地说：“上帝保佑我的母亲！我所以有今天或将来若有成就，全部归功于她！”然后就缄默了。我们静默不语只管赶路。他沉思着，陷入自己的世界，我也不敢去惊扰他。他的话和悲哀的声调，给我留下深刻的印象，那是我永不能忘怀的一次经验！

2.

林肯的母亲，南希·哈克斯（即露西的私生女）是由她的舅父母抚养长大的，不曾读过书，不会写字。当她签地契时，也是画记号的。

她深居在阴幽的森林中，极少交游；22岁那年，便嫁给一个愚笨又无知的散工，他偶尔也上山狩猎，他的名字是汤姆·林肯，但和他同住森林中的人们，都管叫他“林角”（Linkhorn）。

汤姆·林肯游手好闲，终日无所事事，从无固定职业，只有饿慌了，才随便找个事来做。他修路、伐木、捕熊、除草、耕种、筑屋。据载他曾在三个不同的时期，被雇用带枪看守囚犯。1805年在肯塔基的哈定郡，他捕捉并鞭笞逃奴，代价是一小时6美分。

他没有丝毫金钱观念，他在印第安纳的第一个农场住过14年，每一年却无法节省10块钱交纳田租。有一次他贫穷到极致，妻子必须用荆刺来缝补衣服，而他却去肯塔基的伊利莎白镇为自己买了一副丝质吊带，而且是赊账买的。不久，在一次拍卖中，他花 3 块钱购得一把刀。很可能当他赤脚外出时，是穿着丝质吊带并且拿着他的刀。

结婚后不久，他迁入城里想做个木匠讨生活。他得到建造磨石坊的工作，但他没有把木材锯直，尺寸又不合规格，因此雇主对于他拙劣的做法坚拒付酬，结果打了 3 场官司。

汤姆·林肯来自森林，虽然他是愚笨的，却也明了他乃是属于森林的。于是他便带着妻子到森林边贫瘠多石的农场，再也不会鲁莽地遗弃耕地了。

离伊利莎白镇不远之处，有一片宽阔的不毛之地。好几世代印第安人在那里纵火烧林，使野草在阳光下蓬勃生长，让野牛来此翻滚吃草。

1808 年 12 月，汤姆·林肯以每英亩 6 角 6 分的价格，在这块不毛之地中购得一块农场。当中有一间猎人的小木屋，和一间简陋的小木屋，为野生的山楂子树所围绕；而半英里外流过那林溪的南支流。每当春季山茱萸遍开，夏季时，天空中有鹰群悠悠盘旋着，而长草迎风起伏宛如无垠的绿海。稍有见识的人都不愿定居在那边，因此到冬季，它便是肯塔基境内最偏僻、最荒凉的地区了。

然而，亚伯拉罕·林肯正是出生在这荒瘠僻壤的猎人小屋内，当时为 1809 年严冬。

他在一个星期日早晨出生在垫满玉蜀黍包皮的木架床上。

屋外有暴风雪，而2月的冷风把雪吹过壁缝，飘在母亲南希·哈克斯和她的婴儿所盖的熊皮上面。她由于拓荒生活的煎熬和辛劳而筋疲力乏，所以在9年以后，即35岁时去世。她从不曾有过快乐，无论住在何处，总有人讥评她是私生女。可惜那天早上她无法看到将来，也无法看到现今在她曾经受苦的地方，有一批感恩的人建立了一所大理石教堂来纪念她。

纸币在旷野里，是没什么价值的。因此，猪、火腿、威士忌酒、树狸皮、熊皮以及农产品都可作为交易媒介，甚至传教士也接受威士忌酒作为一部分的谢礼。

1816年秋天，亚伯拉罕·林肯7岁的时候，年老的汤姆·林肯将农场交换约400加仑的威士忌酒，然后举家迁入印第安纳未开化且荒凉的森林中。他们最近的邻居是一个猎熊的人；而周遭尽是树林、草丛、葡萄藤和矮树等杂乱蔓延着，人要行走其间必须加以割除砍伐。

亚伯拉罕·林肯在此过了14年。刚搬来时，冬天的初雪已降下，所以汤姆·林肯匆匆忙忙地赶搭一个当时所谓的“三面营帐”。它没有地板、没有门、没有窗口，只有三面墙及木条和草丛编成的屋顶，第四面则任由风雪吹打，完全开口无防备。现今印第安纳任何一个农夫也不会拿它作为牛棚猪舍的，而林肯全家却在这棚屋里度过了严冬。

南希和孩子就像狗一般，蜷伏在屋角肮脏的地板上，靠树叶和熊皮来取暖。

至于食物，他们没有牛油、牛乳、蛋、水果和青菜，更没有马铃薯，全靠野生动物和栗子为生。汤姆·林肯想养猪，但饥饿的熊总是把猪偷偷地掠食而去。

在印第安纳那几年，林肯遭受的贫困，恐怕超过后来他解放的千万黑奴。

那个地区没有牙医，最近的医生也在35英里外；因此当南希牙疼时，老汤姆·林肯大概是仿效其他拓荒者们的治法，先削一支细木钉，对准有问题的牙齿，然后用石头重击钉头。

早期在中西部有一种神秘的疾病叫做“牛乳瘟”，它对牛羊和马是致命的，且有时整个村落的人也一并送命。没有人知道它是如何起因的，而100年来，它一直困扰医学界。直到本世纪初，才知道起因于动物吃了一种叫做白蛇根草的植物，这种毒素藉由牛乳传入人体。白蛇根草繁殖在多木的牧场和幽暗的峡谷中，至今依然为害人命。每年伊利诺伊州的农业部总要在郡法院公布，劝诫农民除灭此种植物。

1818年秋天，这个可怕的祸害降临到印第安纳的鹿角山谷，毁灭了许多家庭。南希帮忙看护猎人彼得·布伦那的妻子，他的木屋只离半英里远。布伦那太太终告死亡，而南希也被传染了。她头晕，腹部有尖锐剧痛。一阵严重的呕吐后，她便被抬回家，放在那个树叶和兽皮铺成的床铺上，奄奄一息了。

终于，南希已无力抬起头来了，说话微弱。她示意亚伯拉罕和妹妹靠近她。他们弯下身去听她说话，她说他们需要彼此和睦，照她所教导的方式生活，并且要敬奉上帝。

这些便是她的遗言，因为她的咽喉和整个内脏早已麻痹。

她陷入昏迷状态，终于在得病的第 7 天，即 1818 年 10 月 5 日，与世长辞。

汤姆·林肯将两枚铜钱放在她的眼皮上，让她瞑目。然后走进树林砍下了一棵树，劈成粗糙不平的板子，用木钉固定好，以这个粗劣的棺材，安葬了南希。

两年前，他用雪橇把她带到这个地方，而现在他仍用这个雪橇拖着她的遗体到四分之一英里外，一个多树茂密的山丘顶上，未经礼拜仪式就把她埋葬了。我们永远无法知道她的长相，因为她短暂的一生，几乎全在幽深的森林中度过，很少与人接触。

林肯逝世后，有位传记作者想要探寻一些有关总统母亲的资料，那时她已死去半世纪了。他拜访几个曾经见过她而至今犹在的人，可是他们的记忆一如消失的梦境含糊不清，甚至对她的仪表外貌亦无法回忆。有人描述她为“矮胖的女人”；但有人说她有“纤瘦优美的体态”。有人认为她有黑眼睛，另一个人说是淡褐色的，又另外一个人确信是绿中带青。她的表兄弟丹尼斯·哈克斯，曾经和她生活了 14 年之久，说她有“淡色的头发”，但再三追忆的结果，他推翻自己先前的说法，而认为她的头发是黑的。

她死后 60 年来，甚至没有一块石头标记她安葬的地点，因此，如今只晓得她坟墓概略的位置。她埋葬在曾经养育她的舅父母身边，却不知三个坟墓中，哪个是她的。

南希未死之前，汤姆·林肯建筑了一个新木屋，四面有墙，但是没有地板、窗口和门户，一条肮脏的熊皮悬挂在进口处，屋内又暗又脏。

汤姆·林肯整天在森林里狩猎，留下两个没有母亲的孩子看家。莎莲煮饭，亚伯拉罕则负责生火，并且到一英里外的山泉打水来。没有刀叉，他们便用手指，手又难得干净，因为得水不易又没有肥皂。南希自己制造软软的灰汁肥皂，但是她留下的早已用光，小孩子不懂得如何制造，汤姆·林肯又不肯做，于是他们便继续在贫困和污秽中生活着。

漫长寒冷的冬季，他们从不洗澡；也很少洗衣服，树叶和兽皮的床铺变得污秽。阳光照不进来，他们仅有的亮光只是火炉或油灯。我们从那些描写边境地带木屋的书中，可以想象林肯的木屋是什么样子，它臭味扑鼻，充满跳蚤，而且害虫猖獗横行。

这样过了一年，连老汤姆·林肯也受不了，他决心续弦以便照顾家庭。13 年前，他曾向肯塔基一位名叫莎拉的女人求过婚。当时她拒绝了他，而下嫁哈定郡的狱吏。如今这位狱吏去世已久，留下 3 个孩子和一笔债。汤姆·林肯觉得如今正是重新求婚的绝好机会，因此他到小溪里，沐浴一番，用沙土揉擦他污秽的双手和脸，佩带着他的刀，直奔肯塔基。

当他到伊利莎白镇时，又买了一副吊带，然后得意洋洋吹着口哨，沿街走去。

那时是 1819 年，好多事情正在发生，一切都在进步，一只轮船正横过大西洋。

3、

林肯15岁时，他认得字母，并且能够读一点书，但很费力。他不会写字。1824年秋天，有一位流浪的教师，来到比奇昂河一带，在那里开办了一所学校。林肯和妹妹早晚各走4英里路，穿过森林，受教于安德尔·道西这位新教师。道西开办一间所谓“朗诵”式的学校，孩子们要大声朗读，他认为这样可以知道他们是否用功。他在室内踱来踱去，手执教鞭，见到有人静默不语就是一鞭。既然他鼓励喧哗嘈杂，学生们便喊叫得一个比一个响，往往在四分之一英里外，便可听见喊声。

上学时，林肯戴着一顶松鼠皮的帽子，穿着鹿皮裤。这条裤子短得可怜，裤脚离鞋面甚远，于是一段又瘦又青的胫骨，便暴露在风雪中。

上课是在一间粗陋的木屋里，高度仅够老师站立。没有窗户，每面墙留些空间，糊上油纸，以便让光线进来，地板和座位是用劈开的木头做的。

林肯读的课文是选自《圣经》章节，而字体则以华盛顿和杰斐逊的书法为模范。他的笔迹酷似他们，总是明白、清楚，人们都赞扬他，当时有一些不识字的人，常跋涉好几英里路请亚伯拉罕写信。

他逐渐对学习发生兴趣了。在校的上课时间嫌太短，所以他把功课带回家。纸张稀少又昂贵，所以他用木炭在板子上书写。有时他就在刨平的木头上面作记号或计算，写满了，他就用刨刀刮去表面，重新再写。

因为买不起算术课本，只得向人借一本，将它抄写在信纸上，然后用细绳缝合起来，如此他便有了自己编制的算术课本。当他去世时，他的继母仍然保留着这本书的好几页呢！

如今他开始展露他的才华，显得他与众不同。他写出见解，有时甚至写几首诗。他把他的诗文拿给一位名叫威廉·伍德的邻居看，他熟背并朗诵自己的诗，他的小品文也很引人注意。有一位律师对于他的一篇关于国家政治的论文大为欣赏，就替他发表了。俄亥俄州的一家报纸，也将他有关禁酒的论文刊登出来。

这是以后的事。他在学校第一次作文，就是对于同伴们残酷的戏谑有感而发的。他们常爱捉一些水龟，将炽热的煤炭放在背上，林肯恳求他们不要这样做，并且赤着脚踢开了那些煤炭。他的第一篇作文便是为动物求情，他年轻时已经表现出对受害者有深刻的怜悯心了。

5 年后他再就读于另一间学校，但是时读时辍——正如他所谓“一点一点的学习”。就这样结束了他受正式教育的历程，总计还不到 12 个月。

1847 年，他上国会要填履历表时，碰到一个问题：

“学历如何？”他填写，“不完整。”

他被提名竞选总统后，说：“我成年时，所知也不多，总算能够读书写字而已。我从未上过学校，我目前仅有的一点进步，都是随时因急切需要而学来的。”

那么谁是他的老师呢？就是那些漂泊的老学者，他们相信巫婆，并以为地球是扁平的。可是，就在这些时而中断的求学期间，他获得了最宝贵的东西——爱好知识，并渴望学习。

读书给他展开一个新奇、从未梦想过的世界，它改变了他，拓展他的胸襟和洞察力，读书成为他的最爱。他的继母随身带来了 5 本书——《圣经》《伊索寓言》《鲁滨逊漂流记》《天路历程》和《辛巴达水手》。

他如获至宝似的阅读着。他把《圣经》和《伊索寓言》放在身边，随时翻阅，这两本书大大地影响到他的文体、谈吐以及辩论的方式。

但是这些书是不够的，他渴望阅读更多书，却没有钱。因此他开始借书、报章或任何印刷品。他曾走到俄亥俄河边，向一位律师借了一本修正的印第安纳州法律，这是他生平第一次读到《独立宣言》和美国宪法。

他向邻近的农夫借了两本传记，因他常常帮那个邻居耕种，其中一本就是帕逊威姆斯写的《华盛顿传》。这本书简直使林肯着迷，他一直看到天黑，直到看不见字为止，然后把书塞在木头缝里，翌日一早又拿起来看。一天晚上突然下起暴风雨，把书本浸湿了。书主拒绝收回，林肯只好花3天时间去割草捆堆，以便偿付。

在他的借书经验中，收获最多的是《司各特的教训》。这本书指导他如何做公开演说，并模仿安东尼在西泽尸首边所作的演说："朋友们！罗马人！同胞们！请听我说，我是来埋葬西泽，不是来称赞他！"

当他读到对他特别有吸引力的段落时，若没有纸张他总是用炭写在木板上。后来他做了一本粗略的抄写簿，用羽毛笔和浆果汁制成的墨水，写下所有他喜欢的词句。他随身携带这本抄写簿，用心研习直到他能够背诵许多长诗或词句。

当他到田园工作时也带着书本，休息的时候，他就坐在栅栏上用功研读。晌午时，他也没有坐下来和家人吃饭，反而一手拿着玉米饼，一手拿着书本，两脚抬得高过头部，沉醉于书中。

每逢开庭时，林肯总要步行15英里到市镇去听律师们辩论。后来，当他在田间工作的时候，常会丢下锄头或干草叉，跨上栅栏，复诵一些他在市镇上所听到的律师们的讲词。有时候，他也会模仿小比奇昂河教堂浸信会的保守派牧师大声传道的语气。

林肯时常带着一本《奎恩笑话集》到田里去工作。当他跨坐在木头上高声朗诵时，树林的回声好像在捧腹大笑。然而玉蜀黍田的杂草日益蔓延，而田里的麦子也变黄了。

那些雇用林肯的农夫都埋怨他懒惰，“懒惰极了！”他自己也承认。

“我的父亲教我工作，”他说，“却不曾教我爱它。”

老汤姆·林肯发出断然的命令：所有这类愚蠢行为必须禁止。但没有用，林肯还是继续讲笑话和作演讲。有一天，当着众人，老父亲打他一个耳光，使他跌倒在地，林肯哭了，但一言不发。父子间慢慢有了隔阂，至死不曾彼此谅解。虽然林肯在他父亲晚年时，常寄钱给他养老，但 1851 年老人家临死的时候，这个儿子并没有去探望，“如果我们再相会，”他说，“恐怕会苦多乐少。”

1830 年冬天，“牛乳瘟”又侵袭鹿角山谷，再一次带来死亡。

心中又恐怖又沮丧，这个常流浪迁徙的老汤姆·林肯便处理掉他的猪和玉蜀黍，将他的农场卖得 80 元，造好一辆笨重的牛车，载着他的家人和家当，叫林肯执鞭，大声向牛吆喝着，全家向伊利诺伊一个肥沃的山谷地带出发了。

牛慢慢前行两星期之久，笨重的车子吱吱作响地越过山丘，经过印第安纳阴暗的森林，又横过荒凉寂寞、人烟稀少的伊利诺伊大草原，满目皆是枯黄的长草。

在富协湼斯，林肯第一次看到印刷机，当时他 21 岁。到迪开特时，这批移民便露宿在法院前的广场；而经过 26 年后，林肯还能把那一辆牛车所停留的位置指出来。

“当时我并不知道，我有足够的见识做一个律师呢！”他说。

赫登告诉我们：

林肯先生曾叙述这段旅行给我听。他说地面的冰霜还未完全化掉，白天路面会溶化，但一到晚上就又冰冻起来了，这样便使牛车的前进非常缓慢而困难。没有桥梁，因此若遇河流，只得涉水而过，除非找到迂绕的途径。清晨的溪流结着薄冰，牛前进一步总要踏破一些薄冰。我们还带了一只小狗，它跟在车后跑。有一天那个小家伙跟不上牛车，等到大家都过了河，发现它丢了，便再往后寻找，却看到它站在对岸，又叫又跳。流水冲着破碎的冰块，那可怜的东西不敢渡过河来。若要掉转牛车往回走，是划不来的，因此大家为了赶路，就决定丢下它不管了。“然而我连一只狗也不忍丢弃啊！”林肯诉说着，“鞋袜一脱，我便涉水过河，终于把那颤抖的狗夹在腋下，得意洋洋地回来，它欣喜若狂地蹦跳，用各种姿态表示它的感激，让我觉得冒险是值得的。”

当牛车载着林肯一家横过草原时，国会正慷慨激昂地争论着：州政府是否退出联邦政府？在那次辩论中，上议院的丹尼尔·韦伯斯特以响亮如洪钟的声音，发表了一场演说，这是后来林肯认为“美国演说中最优秀的楷模”，被称为“韦伯斯特答海恩书”。其末尾有著名的几句话，林肯后来奉为他自己的政治信仰：“自由与联邦，现在和将来，一体而不可分割！”

这个旋风式的联邦案件，要等到30年后才得以解决，但并不是靠能干有为的韦伯斯特，也不是得天独厚的克雷，更不是鼎鼎大名的卡尔桓，却是一个笨拙又一贫如洗且默默无闻的人。他现在正向伊利诺伊州去，穿戴着浣熊皮帽和鹿皮裤粗声高唱着："喂，哥伦比亚，快乐之地，若是你没有醉，便是我见了鬼！"

4.

林肯一家在伊利诺伊州靠近迪开特的一片林地住了下来，那儿沿着山边，下临桑嘉孟河。

林肯帮忙砍树、建造木屋、清除丛林、整地、开垦 15 英亩荒地、种玉蜀黍、劈栅栏木将家园围起来。第二年他在邻近地区当雇工，替农夫们干些杂事，耕田、捆扎干草堆、劈削栏木、杀猪。

亚伯拉罕·林肯在伊利诺伊州度过的第一个冬天特别冷。大雪霏霏，草原上积雪 15 英尺厚；牛群死去，鹿和野火鸡也几乎灭绝，甚至连人也被冻死。

在这严冬，林肯都要劈削栏木，以换取一条染上树皮汁的棕色粗布裤。他每天必须走 3 英里路去做工。有一次，渡过桑嘉孟河时，独木舟翻了，他掉进冰冷的水里，他还没有到达最近的人家前——瓦尼克少校家——双脚便冻僵了。整整一个月，他不能走路，所以他就躺在瓦尼克少校家的壁炉前，说说故事打发时间，并阅读伊利诺伊州的法律。

在此之前，林肯曾向少校的女儿求婚，但少校颇表不悦。什么？他的女儿，一个瓦尼克家的小姐，会跟这个又愚钝又未受教育的劈柴工人结婚吗？一个没有土地、积蓄，又没有前途的男人？决不！

诚然，林肯没有土地；不但如此——他根本不想要土地。

他在农场生活了22年，已饱尝垦荒农耕的辛酸了。他厌恶那种过分的劳碌和单调无味的生活，他渴望出人头地，和社会人士交际。他想要找一种工作，好使他能多见到人，让他们围着他，对他的故事拍手喝彩。

还住在印第安纳的时候，有一次林肯被雇划船到新奥尔良去，那次遭遇真是十分有趣啊！新奇、刺激、冒险。有一夜，船只停泊在杜杰斯夫人的农场边，有一群黑人，带着刀棒，爬上船来。他们打算把船员杀掉，将尸首扔进河里，然后把船开到新奥尔良的贼窝去。

林肯抢过一根木棒，用他又长又有力的手，将3个强盗打落河中，其他强盗也被赶上岸。但是在搏斗中，一个黑人用刀砍了林肯的额头，使他在右眼上留下了一个永久的伤疤。

汤姆·林肯并不束缚自己的这个孩子定要留在垦荒农场里不可。

到新奥尔良，林肯就谋得一份在船上的工作。以一天五角钱、外加奖金的代价，他和异母兄弟、表弟替人砍树、伐圆木，顺流运到锯木厂，建造一只8英尺长的平底船，装上腌肉、玉蜀黍和猪，然后顺着密西西比河航行下去。

林肯为他们煮饭、驾驶船只、讲故事，也玩玩纸牌，并高声歌唱……

这次航行给林肯留下深刻永存的印象。赫登说：

亚伯拉罕·林肯在新奥尔良时，第一次目睹奴隶制度的惨状。他看见“带着枷锁的黑人被拷打着。他的正义感对此非人道的作风大为愤激反抗，那时他才体会到从前听过或读过的一切事了。无疑，正如他的同伴所说：“奴隶制度当时就在他内心深处烙上印记了。”

一天早上，他们3个人在市区漫步时，经过一个奴隶拍卖所，一个健壮又漂亮的混血女子正要被出卖。她被买主详细地检验着，他们拧她又叫她像马一样地跑来跑去，表现她的动作姿态。如拍卖者所说，这是要“满足买主”，看看他们所购买的货物是否完美。这一切太令人作呕了！林肯满腔憎恶地离开，他招呼同伴们一起走，说：“天哪，同伴们，快走吧！假使我有机会，我必定给它一个致命的反击。”

丹顿·欧佛特，就是雇他到新奥尔良的那个人，很喜欢林肯。欧佛特喜欢他的笑话和故事，也喜欢他诚实不欺。他再叫这个年轻人回伊利诺伊砍树，在新沙连盖了一间木造的杂货店。这是一个小村庄，不到20户人家，在曲折的桑嘉孟河上方，沿着断崖居住。林肯就在此地当店员，并且经营一所磨石坊和锯木厂。在此地他过了 6 年的岁月——对他的将来有绝大影响的岁月。

这村庄有蛮横、好斗的一群恶棍，叫做“克拉利丛林少年帮”。这群年轻人自命不凡，夸耀无人比他们更会喝酒、咒骂和角力，而且打起架来比伊利诺伊境内任何帮派更凶狠。

其实他们并不是穷凶恶极；他们忠信、坦诚、慷慨又富同情心，只是太自大。因此当欧佛特夸赞他的店员亚伯拉罕·林肯的技能时，克拉利丛林少年帮就大为不悦，他们打算要给这位新来的小伙子一点颜色看看。

谁知结果适得其反，因为这位年轻的巨人赢了徒步赛跑的跳跃竞赛；而且凭着他那长臂膀，他能够抛掷大槌或投掷炮弹比任何人更远。此外，他会讲一些他们听得懂的有趣故事，使他们听了一直笑个不停。

在克拉利丛林少年帮看来，有一天当全村都聚集在白橡树下，围看林肯和他们的首领杰克·阿姆斯登角力时，可说是他在新沙连最出风头的时候了。当林肯把阿姆斯登打倒时，他便高高在上了。从那时起，克拉利丛林少年帮就对他深表钦佩，忠心服从他的指挥。他们要他做赛马和斗鸡的裁判。而当林肯失业无家可归时，他们便接他回家，供他膳食。

在新沙连，林肯终于找到几年来一直追求的机会了，就是公开演说。从前在印第安纳，他只能对田里的工人们讲话，然而在新沙连，有一个“文学会”的组织，每逢星期六夜晚就在罗特利基酒店的饭厅里聚会。林肯很踊跃地加入，成为极活跃的人，他讲故事、朗诵自己的诗歌、作即席演说、谈桑嘉孟河航行的一类问题，又辩论一些当天发生的各种问题。这项活动是极其宝贵的，它扩充他的心智，激起他的雄心。他发现自己有非凡的才干，可以用言词来影响别人。这发现增加了他的勇气和自信心，这是前所未有的。

几个月后欧佛特的商店倒闭，林肯失业了。选举将届，人民都热心政治，因此他打算展露一下他演说的才华。当地的学校教员蒙德·葛雷帮他写讲词，他便向群众发表他的首次演说，他宣言愿为州议员的候选人。他发表政见："内政改革……桑嘉孟河的航行……改善教育……正义公道……"

最后他说："我出生卑微，没有显贵的亲戚朋友来举荐我。"然后他用令人哀怜的文句结束："如果善良的人民凭着他们的智慧认为我不该当选，那么我已饱尝失望之经验，所以也不致耿耿不乐的。"

几天后，一个骑兵冲进新沙连，宣布一桩可怕的消息，说印第安酋长黑鹰，正带着他的勇士，沿着洛克河一带，放火烧屋，掳掠妇女，屠杀住民。

在惊惶失措中，雷诺特州长征调志愿兵；林肯既是"失业、分文不名、公职的候选人"，就报名了，并被选任为队长。他想操练克拉利从林少年帮，但是，他们对于他的命令却还口说："滚蛋！"

赫登说，林肯一直把他参加"黑鹰战役"之事看作儿戏，也正是如此。

后来，在国会的演说中，林肯提到他们并没有攻打任何红番，都只在“洋葱田中乱冲”。他说他并没有看到任何印第安人，却“和蚊虫作过好几次流血的生死搏斗”。

打仗回来，林肯队长就又跃身竞选活动中，挨家挨户拜访，握握手，讲讲故事，对每个人的意见表示赞同，随时随地找到群众，就要演说一番。

选举来临了，虽然他在新沙连208票当中得到205票，不过，还是失败了。

两年后，他又竞选，这次当选了，但必须借钱买一套礼服，才能出席议会。

他在1836年、1838年及1840年连选连任。

当时在新沙连住着一个叫杰克·凯尔逊的怪才，他只管钓鱼、拉小提琴或朗诵诗歌，因此他的妻子必须收房租以维持生计。大部分人都蔑视他。然而林肯喜欢他，与他结为好友，并且大受影响。他还未认识凯尔逊之前，莎士比亚或伯恩斯等人对林肯仅仅是人名而已。但是当他倾听杰克·凯尔逊朗读《哈姆雷特》或背诵《麦克白》，林肯才了解到英国语言音节的和谐悦耳。它是一种多么美丽的事啊！是多么雄壮浑厚的感觉和情绪啊！

莎士比亚令他肃然起敬，伯恩斯却赢得他的爱与同情，他甚至感到和伯恩斯同病相怜。伯恩斯也曾和林肯一样贫困，出生在一间木屋里，看起来并没有好过林肯诞生的那一间。伯恩斯也做过耕种，但是这个耕童，居然把野鼠、耕犁之事，看作一出小悲剧，值得在一首诗歌里赋予不朽价值。借着伯恩斯和莎士比亚的诗歌，林肯进入一个充满意义和感觉的新世界，里面一切都是可爱的。

然而令他最惊骇的是，莎士比亚或伯恩斯都没上过大学，并没有比他多受过教育。因此他也常忖度，他虽为目不识丁的汤姆·林肯的失学儿子，或许也可以成就一些有意义的事，而不必永远卖杂货或当铁匠。

那时起，伯恩斯和莎士比亚成为他最喜爱的作家。他遍读莎士比亚作品多于其他作品，这对他的文体颇有影响。甚至他进入白宫以后，南北战争的重担和忧虑，使他脸上刻印深深皱纹的时候，他仍花好多时间读莎士比亚。他虽然忙碌，可是还同莎士比亚的权威学者讨论剧本，写信也提及某行某句。他被枪杀的那周，还向一批朋友朗读了两小时的《麦克白》。

这个懒惰的新沙连渔夫杰克·凯尔逊的影响，竟然波及到白宫里去……

新沙连的开发者和那间酒店的主人，是一个南方人，名叫詹姆斯·罗特利基。他有一个非常美丽动人的女儿安妮。林肯见到她时，她才19岁——一个蓝眼褐发的美丽女子。虽然明知她已许配给城里最富有的商人，林肯还是爱上了她。

安妮早已和约翰·麦尼尔订婚，但要等到她念完两年大学后，他们才结婚。

林肯到新沙连不久，就有一件奇怪的事情发生了。

麦尼尔卖掉他的商店，说要回纽约去把父母和家人带到伊利诺伊来。然而要走以前，他向安妮表白了某些事情，几乎使她昏厥过去。然而，她还年轻又深爱着他，便相信他了。

几天之后，他向安妮挥手道别，答应经常写信。

林肯那时是村里的邮政局长。一个礼拜邮车来两次，但邮件却很少，因为寄一封信须花费六又四分之一分钱到两毛五分钱不等，依其送达距离而定。林肯把信件放在帽子里，人们碰见他的时候，总要问一问有没有他们的信，他就摘下帽子，将信翻一翻。

一个礼拜两次安妮总要打听来信。3个月后第一封信才到达。麦尼尔解释他没有及早写信，是因为在俄亥俄州时患热病，有3个礼拜卧病不起，不省人事。

再经过3个月，第二封信到了，而它比没来信更糟糕，语气冷淡而含糊。他说他的父亲患病甚重，而他正受着他父亲的债主缠身，不知何时才可返回。

安妮又盼了好几个月，但终一无所有。他真的爱她吗？现在她开始怀疑了。

林肯不忍见她痛苦，便自告奋勇要去找麦尼尔。

“不！”她说，“他晓得我住的地方，如果他不关心我，不给我写信，我想我尽可不必过分关心，而麻烦你去寻找他。”

于是，她才向她的父亲提起麦尼尔临走前的一番表白。他承认好些年来，一直以假名过日子，他真正的名字并不是麦尼尔，而是麦纳马。

为什么他要这样欺骗人呢？他说，他父亲从前在纽约经商失败，以致负债累累。他是长子，就偷偷来到西部想多赚点钱。他怕假如他使用真名字，家人会晓得他的下落，那么他就要被迫供养全家。他不希望在刚做生意时，由于如此的负担而影响事业的进展。因此他改名换姓。如今他已积蓄不少钱了，他要把家人带到伊利诺伊来，让他们共享他的成功。

这事在村里传开以后，便惹起公愤。人们都说那是最要不得的欺骗，并且辱骂他是一个骗子。大家加油添醋把他说的更坏："他是——哎，也说不出他是什么，或许他早结过婚了，或许他正在逃避那些三妻四妾呢！谁晓得呢？也许他抢过银行，也许他杀过人。也许这样，也许那样。总之，他遗弃了安妮，但她应该为此感谢上帝……"

新沙连的舆论即是如此。林肯虽不说什么，却想了好久。

最后，他所等待的机会来临了……

5.

罗特利酒店是一所简陋又饱经风霜的木屋，简直和一般木屋没两样。陌生人绝不会多看它一眼的。然而现在林肯却不能忽视它了，他的心思更无法脱离它。在他看来，它高耸入天，每逢他跨进门坎时，心跳总要加快。

向杰克·凯尔逊借了一本莎士比亚剧本，他就躺在店里柜台上，翻开书页，总要反复地念：

啊，且看！窗扉射人何等光华？
是东方黎明，因朱丽叶照耀如白日。

合上书本，他读不下去了。他在那里躺了一个小时，梦想着，追忆前晚安妮对他所说的一切可爱的话。他现在只为着一件事活着——与她相见，共度时光。

那时妇女的“缝纫会”是很普遍的，安妮也被邀去参加这样的聚会，因她纤细的手指用针极其灵巧。林肯早上送她去，傍晚时接她回来。有一次他很大胆地走进屋子里面——男士们很少进这种地方——坐在她的身旁，她的心悸动起来，脸颊也红了。她在兴奋紧张中，针脚就不整齐了，较为年长的女伴们看见了，彼此调笑着。主人把这一床棉被保存了好多年。当林肯做了总统以后，她很得意地拿给客人看，并指出所缝的不整齐的针脚。

夏夜，林肯和安妮沿着桑嘉孟河的堤岸漫步，树林里有鸠鸟低鸣，萤火虫通夜飞翔，像是在编织金线。

秋天，他们在树林中徘徊，橡树显出绮丽色彩，胡桃树果子劈啪落地。冬天降雪以后，他们穿过森林，那时——

松柏长青树，
齐披白貂裘。
卑微如榆榉，
珍珠戴满头。

对他们两人来讲，现在，生命已显示一种神圣的温柔，一种新奇的意义了。当林肯凝视安妮的时候，她的内心就歌唱起来；而她的手一接触到他，他就屏息，惊讶着世间竟有那么多的幸福。

前些时候，林肯和一个牧师的儿子，名叫贝利的酒鬼一起做生意。当时，新沙连这个小村庄逐渐没落了，商店的生意也很清淡，但林肯和贝利两人都看不出来。因此他们就收买3间破烂的杂货店，合并起来，开始经营自己的商店了。

一天，一个迁往爱荷华的人，在林肯贝利商店前停下他的篷车。路面泥泞，马匹又疲倦，所以那个迁移者决定要减轻载货，于是他想卖给林肯一桶零星的杂物。林肯并不需要这些杂物，但他怜悯那些马匹，就付了5毛钱，不再看看就把木桶滚进商店后面。

过了两星期，他把木桶里面的东西倒在地板上，懒洋洋又好奇地检查他所收买的杂物。在那堆废物中，他发现一本布拉克・史东的法律评注，便开始阅读。农夫们在田里忙碌，顾客很少，好久才来一个，因此他有很多的时间。他愈读就愈发生兴趣，他从来没有这样专心读过书，他一口气将4大卷都看完。

于是，他立下极大的决心：他要做一个律师，他要安妮・罗特利基以他为荣。她赞许他的计划，且他们打算一旦他学成法律，自己开业以后就要结婚。

读完布拉克・史东的书后，他动身到20英里外的春田市，向一位曾在黑鹰战役中相识的律师，借了其他的法律书籍。归途上，他一手拿着书本，边走边读。当他碰到难懂的段落时，就驻足停步，专心一意地推敲直到融会贯通为止。

他继续研读，居然读了二三十页，一直读到夜幕低垂无法再读……星星出现了，他感到饥饿，只得加紧步伐。

从此他埋首书本，无心管别的事了。白天他仰卧在商店旁边的榆树下读书，一双赤脚搁在树干上。晚间他在店里读书，利用零散的废材点火为灯。他常常高声朗读，偶尔把书本合起来，将他所读的一段意思写下来，修正或重写，直到连小孩都能够明白了解为止。

林肯现在不论到什么地方去——沿河漫步、林中散步或到田里工作的路上——腋下总挟着一卷齐悌或布拉克·史东的书。有一次一个农夫雇他来劈柴，在下午到谷仓来巡视，竟然看见林肯赤脚坐在木柴堆上，正在研究法律。

孟特·葛雷汉告诉林肯，如果他立志在政治或法律方面出人头地，必须懂得文法。“我从哪里能够借到一本啊？”林肯就问。

葛雷汉说，在6英里外有个农夫名叫约翰·万司，有一本《柯可汉氏文法》，于是林肯即刻起身，戴上帽子，出去借书。

他把《柯可汉氏文法》融会贯通的速度，使葛雷汉大为惊奇。39年后，这位教师说他教过5000名以上的学生，林肯是“追求知识最勤奋上进的年轻人”。

“我晓得他，”葛雷汉说，“他会花好几个小时研究三种句法当中，哪一种表达最为恰到好处。”

精通《柯可汉氏文法》之后，林肯接着便研读吉朋的《罗马帝国衰亡史》、罗林的《古代历史》以及一本关于美国军人如杰斐逊、雷伯斯特等人生平的传记和汤姆的《理性的时代》。

“穿着蓝短上衣、粗陋鞋子，白色的裤子离上装约有三吋，而离袜子还有一两吋。”这样一个古怪的年轻人在新沙连附近闲荡着，读书、研讨、幻想、讲述故事，并且到处结交朋友。

已故艾伯特·J·柏卫基，乃是当年著名的学者，在他所著的林肯传记中说：

“不但是他的机智、仁慈和知识吸引人们，他古怪的服装和丑陋的样子也为他广为宣传，他短小的裤子，特别引起批评和兴趣。不久亚伯拉罕·林肯的名字便家喻户晓了。”

终于，林肯和贝利的杂货店也倒闭了。这是意料中的事，因为林肯终日埋首书本，而贝利则常半醉不醒，倒闭是避免不了的。林肯一文不名，为了食宿，林肯必须找些散工做：除草、搭草堆、围篱、剥玉蜀黍、在锯木工厂做工，有一段期间还当过铁匠。

然后，在葛雷汉的帮助下，他开始研究三角、几何，学习如何测量，准备做一个土地测量员。赊账买了一匹马和一个罗盘，割葡萄藤当作测链，然后就开始以每区三角七分的代价，测量镇上的土地。

同时罗特利基酒店也倒闭了，林肯的情人必须到一个农家去当厨工。林肯不久也在那里得到耕种玉蜀黍的工作。晚上他在厨房帮安妮擦盘碟，只要在她身旁，他就充满了快乐——以后他再也不曾如此快乐和满足了。他去世前不久，对一个朋友说过，从前在伊利诺伊作一个赤脚的农工时，比起他住在白宫里要快乐得多。

然而，这一对情侣的快乐无忧岁月，都为时短暂。1835 年秋季，安妮卧病不起。起初毫无苦痛，只觉得非常疲乏。她依然继续工作，直到一天早晨她竟爬不起来了。她发烧了，于是她的弟弟骑马到新沙连去请阿伦医生，被诊断为伤寒病。她全身如火发热，双脚都很冰冷，必须用热石头取暖，她一直要喝水。现代医学明白她应该多用冰袋，并尽量喝水，只是阿伦医生不知道这些。

可怕的几星期过去了，终于安妮极度疲乏，连手也抬不起来了。阿伦医生吩咐她静养，不许见客。那天晚上林肯来时，也不许进去看她。以后两天她一直喃喃念着他的名字，异常悲惨，他们只得叫他来。他一来便走到她的床边，关上门。这是这对情侣最后的会晤。

翌日，安妮便失去感觉，昏迷不醒直到死亡。

此后几个星期，便是林肯生平最凄惨的时期。他不能睡，不能吃，老是说他痛不欲生，想要自杀。他的朋友们着急了，就把他的小刀拿走，又监视他怕他投河自尽。他躲开人们，见了人也不讲话，像是没看见似的，好像在凝望着另一个世界，忘却了自己的存在。

每天他总要走 5 英里路到埋葬安妮的康特公墓。有时他在那边坐得太久，以致朋友们焦急，就去把他带回家来。遇有暴风雨，他便恸哭，因他不忍心雨水打落在她的坟墓上。

有一次，人们发现他在桑嘉孟河边徘徊，口中念念有词，大家以为他疯了。

于是，有人去请阿伦医生来，医生明白其症结所在，就说林肯必须找一些工作、一些活动来使心思意念集中。

镇北1英里外，林肯有位至友——包灵·格林。他把林肯带到家里，负责照顾他。那是一个安静又幽僻的地点，屋后有橡树丛生的绝壁高耸着，并蜿蜒向西，前面一片平坦的低地，直伸桑嘉孟河畔，周围种着树木。格林太太一直叫林肯劈柴、掘洋芋、摘苹果、挤牛奶，或当她纺纱时帮她拿着纱线。

日积成月，月积成年，而林肯依然忧伤不已。

1837年，即安妮去世后两年，他对州议会的一个同事说过："别人看我好像很能快乐地享受生命，其实当我孤单时，真是苦闷极了！以致连我都不敢将小刀带在身上。"

自从安妮死后，林肯就变了。偶尔他心上的忧郁也会暂时消散一下；可是他还是忧郁日深，直到他成为伊利诺伊最忧伤的人。

赫登，他日后的法律同伴说："若说林肯20年来有过快乐的日子，我是从未看过……当他走路时，忧郁似乎从他身上滴落下来！"

从此以后，林肯对有关忧伤或死亡的诗词，便有特殊的爱好，几乎着了魔似的。他会闷坐好几个小时一言不发，若有所思，垂头丧气，然后突然朗诵《最后一叶》的几行诗句：

花冈冢上青苔满，
寂寞无人草自春。

多少相思无限恨，
只留刻石伴尘埃。

安妮死后不久，他背诵一首诗《死亡》，开头说："嗟尔浮生，何骄之有？"这变成了他心爱的诗。他常在无人时，独自反复背诵，或在伊利诺伊旅馆中对人朗诵，或公开演讲时引用其句，对白宫的人背诵，也抄写好几份给朋友们，并且说自己最喜爱末尾两节：

希望、失望、欢乐和忧伤，
混成一片，不拘阴晴；微笑、泪珠、高歌和悼曲
彼此追逐，有如白浪。
转瞬之时，一息之间，
如花美眷，竟成尸朽，
朝藏金屋，夕卧青冢。
嗟尔浮生，何骄之有？

这古老的康特公墓，即安妮·罗特利基长眠处，原在一座清静的农庄当中，三面有麦田，一面是茂盛的草原，有牛在吃草。墓地现今已长满了灌木和藤草，少见人迹。春季有鹌鹑在那里做巢，四周甚是寂静，偶尔可闻几声羊啼鹑鸣，才打破这片寂寞。

约有半个世纪，安妮的遗体安葬在那里太平无事。然而在

1890年，有个当地的殡葬承办人，要在4英里外的彼得斯堡另开一个墓地。彼得斯堡早已有一个美丽而宽大的墓地叫做玫瑰岗公墓，因而这个新公墓的生意不佳。结果，这个贪心的殡葬承办人，想出可怕的计划要干犯林肯情人的坟墓，将她的骨灰搬到他的墓地里来，利用它来做广告。

所以“大约是在1890年5月25日”——这是他可怕的口供——他便掘开她的坟墓了。他看到什么呢？一个温柔恬静的老妇人，亲口向作者讲述过那件事情，她是梅克拉·罗特利基的女儿，她是安妮的表姊。梅克拉当年经常和林肯一起在田里做工，帮助他测量土地等等，因此她对于林肯和安妮恋爱的事情，比任何人都知道得更详细。

在春天的一个恬静的夜晚，这位老太太坐在廊前的摇椅上，向作者说道：“我常听见爸爸说起，在安妮死后，林肯总要走5英里路到安妮的坟墓上，并逗留很久，爸爸着急，生怕他出了事，就去把他带回家来……是呀，当安妮的坟墓被掘开的时候，爸爸和那个殡葬承办人在一起，我常听他提起，他们从安妮的尸首上找到的仅有遗物，便是她衣服上的4颗珍珠扣子。”

殡葬承办人就拿起那4颗珍珠扣子和一些泥土，改葬在彼得斯堡他新开辟的奥克兰公墓，然后大事宣传，说安妮·罗特利基安葬在那里。

如今，每逢夏季，就有几千游客开车到那里去，在那个号称安妮的墓前凭吊一番。我曾见他们低首挥泪，垂悼这4颗珍珠扣子。在这4颗钮扣上面竖立着一座美丽的花岗石纪念碑，上面刻着艾科卡·李·马斯特的诗选中一首词句：

我虽默默无闻，
不朽音乐因我而生：
“永不怀恶意，唯慈悲待人。“
因着我，众生对众生可以宽容，
国家慈祥的面貌，
因公义和真理而发光。
我乃安妮·罗特利基，孤眠青冢下，
为亚伯拉罕·林肯终生钟爱，
忠贞相许，一朝永诀，
相忆之情，绵绵不绝。
虽我遗骨，化为尘埃，
愿我国土，永远光明。

然而安妮的遗骨虽化为尘埃，却仍留在老旧的康特公墓。贪婪的殡葬承办人并不能把她搬走——她和他的往事依然在那里。鹑鸟低鸣，野玫瑰遍开，这便是亚伯拉罕·林肯伤心垂泪的地方，是他的心埋葬之所在，也是安妮·罗特利基情愿永留之地！

6.

1837 年 3 月，安妮死后两年，林肯离开了新沙连，借了一匹马，直接骑到春田市，开始了他所谓的“实习”律师的生涯。

在他的鞍袋里，放了他所有的财物。他仅有的便是几本法律书籍，几件衬衫和内衣，还有一双旧的蓝色短袜，里面装着六又四分之一和十二又四分之一的铜板——这是从前他在新沙连邮局尚未关闭以前所收集的邮费。在春田市的头一年，林肯窘困得经常需用现金，他本来可先挪用这些钱，然后再偿还政府，不过他觉得那是不诚实的。因此当邮局查账员终于来清理账目的时候，不但不少一毛一分，并且都是以一两年前所收的原来铜板结清账面金额。

当林肯骑马进春田市的那天早上，他不但没有现金，更糟糕的是，还欠了 1100 元的债务。在新沙连，他和贝利为了那间倒霉的杂货店亏损了一笔钱，之后贝利酗酒亡故，留下林肯独自负担这笔债务。

其实，林肯不必还钱，他可以要求将责任减半，再推说生意失败，在合法手续下，逃赖掉这笔钱。

不过那不是林肯的做法。相反，他到每个债主跟前要求，如果他们肯给他时间，他答应每 1 元都会连本带利还清。他们全都赞同，唯有一个例外，就是彼得。他立即告到法院，判决后，将林肯的马和测量工具公开拍卖了。其他人则耐心等候，而林肯为了守信用，只得省吃俭用达 14 年之久。甚至拖到 1848 年，当他做了国会议员的时候，还要寄钱回家，还清最后一笔杂货店的老债务。

且说那天早晨，他把他的马拴在公共广场西北角施毕特的百货店前面，以下便是施毕特亲口的叙述——

他骑着一匹借来的马，在村子唯一出租房间的人家要了一个单人床位。他走进我们店里，将鞍袋放在柜台上，询问一个单人床位所需的家具要多少钱。我拿起石板和笔，计算了一下，告诉他全部需要 17 块钱。他说道：“那也许是够便宜的。但老实地说，虽然是便宜，我还是没有这笔钱。如果你愿意让我赊账到圣诞节，而我在此地试做律师也能顺利成功，那么我将在那时付钱给你。万一我失败的话，我或许永远无法付钱给你了。”他的声调显得很悲哀，我甚表同情。我抬头看他，当时我想，一如现今所想，我这辈子从未看过那么忧郁悲哀的脸孔。我向他说：“假如这么小的一笔债都会如此严重地影响你，我想我可以建议一个办法，使你不致负债而能够达成你的目的。我有一间很大的房间，里边有一张很大的双人床，假如你愿意，尽可与我共榻。”他问道：“你的房间在哪里？”“在楼上。”我边说边指店里通至我卧房的楼梯。他一言不发就拿起鞍袋，走上楼去，将它们搁在地板，再下楼来，满面笑容，高兴地叫：“好啊，施毕特先生，我太受感动了！”

这样，以后5年半中，林肯和施毕特共榻，睡在店的楼上，不付任何房租。

另一个朋友，威廉·白特勒，接林肯到他家里去，不但供给他5年食宿，并且为他购买制作好多衣服。

林肯大概在他做得到的时候，偶尔付给白特勒一点钱，但没有一定的金额。这不过是朋友间随随便便的协议而已。

林肯真的应该为此感谢上帝，因为如果不是由于白特勒和施毕特的帮助，他在法律方面绝无法有所成就。

他和另一位名叫史铎特的律师一起营业。史铎特大部分的时间花在政治活动方面，而将事务所的例行业务交由林肯承办。其实，不见得有多少例行业务要承办，也算不得什么事务所。家具只是“一张又脏又小的床、一张牛皮被、一把椅子、一张长凳以及一个放着几本法律书的书架。”

该事务所的记录指出，头6个月只收到5笔钱；一次是两元五角，两次各为5元，一次是10元，而有一次竟押下一件外套当作一部分的代价。

林肯大为失望，有一天他走到伊登的木工店里，表示他有意放弃法律再去当一个木匠。正像几年前，在新沙连研读法律时，算是林肯很沉寂的一年。他所交往的人，只是夜晚偶尔聚在施毕特商店，讨论政治问题作为消遣的男人。礼拜天林肯没有上教堂去，因为他说，在春田市这样高贵的教堂里，他将不知所措。

在第一年，仅有一个女人和他讲过话，而他曾写信告诉一个朋友："如果她能避免，她也绝不会讲话的。"

但 1839 年有一个女人来到城里，不但和他讲话，而且追求他又决意结婚，她的名字便是玛丽·托德。

有人曾经问过林肯，为何托德（Todd）这个姓要这样拼写，他幽默地说，上帝（God）只需一个" d "就知足了，但是托德家却需要两个！

托德家很夸耀他们可以追溯到第 6 世纪的家谱，玛丽的祖父辈和曾祖父辈都当过将军或州长，并且有一个曾任海军部长。她自己在肯塔基勒星顿一所贵族化的法国学校受过教育，这所学校是两个法国贵族，于大革命期间自巴黎逃亡来此开办的，由梦黛夫人和他的丈夫所主持。因此玛丽能说一口流利的巴黎口音的法语，她跳方块舞及当年那些贵族在凡尔赛宫常跳的撒克松圆舞。

玛丽举止高傲，目中无人，自以为高贵非凡，并坚信她有一天必定要做总统夫人。她不但有此自信，而且公开夸口。那当然很可笑，人家都嘲笑她并且说长道短，可是没有任何事物能够动摇她的自信，也没有任何事物能够制止她的自夸。

她的姐姐谈到玛丽说：“她爱好虚荣、浮华、出风头和弄权。”又是“我所见过最有野心的女人。”

不幸，玛丽的坏脾气常常控制不住。1839 年有一天，她和继母争吵，“砰！”的一声，把门一摔便怒气冲冲地离家出走了，她来到春田市，住在一位已嫁的姐姐家里。

假若她决计要嫁给一位总统，她可真是选对了地方，因为全世界中没有比伊利诺伊州春田市更使她的前途有希望。那时，它是个肮脏卑微的边境村庄，靠近没有树林的大草原，没有铺砌的马路，没有街灯，没有行人道，没有排水沟。牛群在街上徘徊，猪群在泥坑里乱窜，到处有粪土堆积，发出臭味。虽然全村人口只有 1500 人，然而这里却住了两个青年，注定在 1860 年成为总统候选人——史蒂文森·A·道格拉斯，为民主党北派的竞选人，以及亚伯拉罕·林肯，为共和党候选人。

他们两个都认识玛丽，同时追求她，两人都曾和她亲密过，据她自己说，他们两个都向她求过婚。

据她姐姐说，每逢人家问起打算跟哪一个结婚时，玛丽总是回答：“看谁最有希望做总统，我便嫁给谁。”

这等于在说道格拉斯，因为当时道格拉斯的政治前途百倍于林肯。虽然道格拉斯才 26 岁，他已被人称为“小巨人”。他做国务卿时，林肯只不过是个初开业的律师，住在施毕特家的楼顶，几乎无法支付伙食费。

亚伯拉罕·林肯还未在自己本州以外被人知晓前，道格拉斯已成为美国极有势力的政治人物了。事实上，在林肯当选总统的前两年，一般的美国人对他知道的，只是他曾经和那出众又有势力的史蒂文森·A·道格拉斯争辩过。

玛丽的亲戚们全都以为她喜欢道格拉斯甚于林肯，而她大概也是如此。道格拉斯比较懂得侍候女人，他有吸引人的好处，比较有希望，礼貌较为周全，又有较高的社会地位。

此外，他的声音宏亮悦耳，有一头黑色的鬈发，他跳起华尔兹舞极为优雅，而且他对玛丽会说一些可爱的恭维语。

他是她理想中的男人，她对镜梳妆时，总要独自嗫嚅："玛丽·托德·道格拉斯。"这名字听来甚美，有时入梦，便梦见她自己在白宫里和他跳着舞……

正在道格拉斯追求她的阶段，有一天在春田市广场，他同一个报馆编辑打起架来——他正是玛丽最亲爱的朋友的丈夫。后来她大概说了他一顿。

又有一次，他在酒宴上喝醉了，爬上桌子，大跳华尔兹舞，高声喊叫、歌唱，并将酒杯、烤火鸡、威士忌酒瓶和碗盘向地上乱丢。想必玛丽又数落他一顿。

而且，若是他请另一个女子去跳舞，那么，她就闹出难堪的场面。

终于这追求不了了之。

柏卫基参议员说过："虽然以后一般人传说道格拉斯向玛丽求婚而被拒绝，因为他道德不好，那种说法显然是女方的自卫之词而已；因为道格拉斯当时已饱经世故，又精明又机警，根本不曾向玛丽小姐求过婚。”

无限失望后，她还想激起道格拉斯的嫉妒心，于是将她的一番热情转到道格拉斯政坛上的劲敌亚伯拉罕·林肯身上了。但那样并不能挽回道格拉斯，于是她只得打定主意，一心要抓住林肯。

爱德华夫人，即玛丽的姐姐，后来将追求的情形描述如下：

“我屡次走进他们坐的房间，玛丽总是滔滔不绝，林肯先生只坐在旁边静听着，他难得说上一句，只管凝望她，似乎被某种高尚而不可见的力量吸引过去一样。他为她的机智所迷，又对她的敏捷惊奇。然而他都无法和玛丽这一类的高贵妇女尽情谈天。”

那年的 7 月，数个月来已在酝酿中的自由党大会，终于在春田市召开，各地都派代表来。许多人来自几百英里外的地方，挥舞着旗帜并有乐队伴奏。芝加哥的代表团，将一只小船装成一只双帆船，拖过遥远的路程而来。船上奏着音乐，有美女跳舞，且沿途往空中鸣炮。

民主党曾经批评自由党竞选人威廉·亨利·哈利斯，像一个住在木屋，饮用着烈性苹果酒的老妇女。因此自由党员将一间木屋装上轮子，用 30 头牛拖过春田市的马路，有一棵山胡桃树在屋旁摇摆着，树上有几只树狸嬉戏着，又在门旁摆着一大桶烈性的苹果酒，随时可取饮。

夜晚，在熊熊的火光下，林肯做了一番政治演说。

有一次聚会时，他的党派，即自由党，被指太贵族化，穿着华贵衣裳，都妄想获取一般平民赐票。

林肯答道：“我初来伊利诺伊州时，仅是一个赤贫、陌生、举目无亲，未受教育的孩子，而后以每月 8 块钱的工钱在船上工作。我只有一条裤子，是鹿皮做的。当鹿皮潮湿而被阳光晒干时就会缩小。几次缩水后，裤脚便缩得比鞋面高了好几英寸。同时我不断地长高了，裤子又短又小，就在我的腿上留下一条蓝印，至今犹在。如果你们认为这是贵族化的衣服，我必须表示服罪。”

群众吹口哨，高声欢呼，表示拥戴。

当林肯和玛丽到达爱德华家里时，她告诉他，她多么以他为荣，他是个伟大的演说家，有一天必将做总统。

他低头看着她，月光下她依偎在他身旁，她的神情代替了言辞。于是他弯下身子，双手拥抱着她，轻轻地吻了她……结婚的日期定在 1841 年 1 月 1 日。虽然是仅仅 6 个月以后的事，但其间却惹起好多风波。

7.

玛丽和林肯订婚后不久，她就想要改变他。她不喜欢他的穿着，常拿他和她的父亲比较。12 年来，每天早晨她总是望着罗伯·托德在勒星顿街上行走，手执金头手杖，穿着蓝呢上衣，白麻布裤子套在靴里。而林肯呢？他在大热天时从来不穿上衣。更糟的是，有时他连硬领也不穿。平常他仅用背带吊着裤子，纽扣掉了，便削根木钉，把衣服别起来。

如此粗俗的做法使玛丽生气，她就向他唠叨。然而，不幸的是，她说话的口气，既不温柔也不委婉。

虽然从前在梦黛夫人的学校里，她学会了各种舞步舞姿，但对应酬一无所学。而她一向苛责的态度，快速地灭绝了男子的爱慕。她使林肯坐立不安，他不得不设法规避她。他不再像从前那样一个礼拜来看她两三次了，有时一连十天都不露面。于是她就写信抱怨，谴责他太冷淡她了。

当时麦蒂达·爱德华来到春田市。麦蒂达是一位雍容华贵的金发女郎，是玛丽姐夫的堂妹，她也住在爱德华家里。当林肯来看玛丽的时候，麦蒂达总是矫揉造作一番。她不会说流利的法语或跳撒克松圆舞，但她晓得如何应付男人，因此林肯也很喜欢她。有时当她走进屋里来，林肯注视她时，便对玛丽的谈话心不在焉，这就使玛丽更加愤怒了。有一次他带玛丽参加舞会，因他不太会跳舞，所以就让她和别的男人跳舞，而他则坐在角落里和麦蒂达谈天。玛丽指责他爱上麦蒂达，他也不否认。于是她便哭倒了，要他从此不许再看麦蒂达一眼。

当初热烈的恋爱，如今居然变为争执和吹毛求疵了。

林肯终于明白他和玛丽在各方面都有冲突，不论在教养、背景、脾气、嗜好或人生观皆然。他们不时地相互激怒，林肯知道他们的婚约必须解除，因为他们的结合将会凶多吉少。玛丽的姐姐和姐夫也同意这种看法。他们劝玛丽放弃和林肯结婚的念头，并再三警告她，他们个性如此不相投，结婚绝不会幸福的。

然而，玛丽不肯听劝告。

林肯花了好几个礼拜，想鼓起勇气告诉她这桩不幸的事实。有天晚上，他走到施毕特店里，倚在壁炉边，从口袋里取出一封信叫施毕特看，施毕特回忆此事说：

那信是写给玛丽的，里面明白地表示了他的心情。告诉她，他很慎重并且心平气和地一再思量这件事，觉得他爱她不够深切，因此不能与她结婚。这封信他要求我送去，我刚推辞，他便说要另外请一个人送去。我提醒他，一旦他把书信送到托德小姐手里，她便占了上风。我说："私下的谈话会被遗忘的，不致被人注意，然而一旦写在纸上，就成为实际的证据，别人可凭它来对你不利了。"于是，我把那封不幸的书信扔进火里。

我们永远无法得知林肯对她说了什么，但是柏卫基参议员说过："由他写给欧文小姐的最后一封信，我们便能想象他写给玛丽信中的大致内容。"

关于林肯和欧文小姐之间的事，可以简单说一说。她是林肯在新沙连时认识的阿贝尔太太的妹妹。1836 年的秋天，阿贝尔夫人回到肯塔基州的娘家，说如果林肯愿意同她妹妹结婚，她就将她妹妹一起带回伊利诺伊州。

林肯早在 3 年前见过欧文小姐，他便说好，于是欧文小姐真的来了。她有一张美丽文雅的面孔，受过教育，也有钱；但是林肯无意与她结婚。他认为："她过分迁就了。"而且她比他大一岁，又矮又胖——照林肯所说："很可能与法斯特（莎翁笔下的喜剧角色）配合。"

"我丝毫不喜欢她，"林肯说，"可是我也没法子。"

阿贝尔夫人非常焦急，要林肯履行诺言。

但他并不着急。他承认他"一直懊悔这次的鲁莽"，致使他如此轻易承诺，而他着实畏惧和她结婚，"就如爱尔兰人惧怕绞索一样"。

于是他写信给欧文小姐，老实又婉转地叙述他的看法，并且要求解除婚约。

以下是他于1837年5月7日在春田市写的一封信。

由此我们可猜想他给玛丽·托德的信，必然相仿。

欧文小姐：

我曾经试着写过两封信要给你，因为词不达意，所以我把它们撕毁。第一封信我认为够严正了，而第二封信口气又太严重了。这一封信不论好坏，我都将寄给你。

在春田市过日子，实在是乏味不堪——至少我是如此。我在此地依旧感到孤寂，正如我无论到何处去都一样。自从我到此地，仅有一位女人和我交谈过，而如果她能够避免，就不会来找我说话了。我从不曾进礼拜堂，恐怕以后也不会进去，因为在里面我不知所措。我时常想，假如你到春田市来居住，恐怕不会感到满意。此地非常讲究风度举止，若不加以注重，必遭唾弃。我无法掩饰我的穷困，所以你将会过着贫穷的日子。你认为你能够忍耐吗？不论是哪一个女人，若肯与我共享贫富，我必定尽全力使她快乐满足。假若我不能做到，我将很自责的。我知道，如果你知足的话，与你共同生活将比我现在快乐多了。

你当初对我的承诺，或许是说着玩的，也许我误会了。假如是这样，那么，就把它忘掉吧！如果不然，我期盼你做决定前慎重考虑。至于我，我已经决定了。只要你愿意，我必定履行我的诺言。

我认为你最好不要提这件事。你不曾过困苦的生活，它比你想象中的还要苦。我知道你对任何事物都能够正确地判断；如果你深思熟虑后，仍然愿意，那么我必会遵照你的决定。

你收到此信后，希望能给我一封长信。你应该没有其他的事情要做，虽然你不见得会有兴趣写信，但在这寂寞的环境中，都大可成为我的良伴。请告诉令姐，不要再提卖掉一切东西另换环境的话。我一想到那事就感到不安。

林肯　手启

关于林肯和欧文小姐的事，到此即告结束。

现在再谈玛丽·托德，施毕特将林肯写给托德小姐的信件投进火里，然后转向他的朋友兼室友说道："假如你有男子气概，就亲自去会晤玛丽吧！你若不爱她，就老老实实告诉她，说你不愿意和她结婚。要小心不可多说话，一有机会就要尽速告退。"

"经过这番劝告，"施毕特说道，"他便穿好上衣，带着下定决心的表情，走了出去，准备按照我指示的方法，完成这件严重的事情。"

赫登写道：

那天晚上，施毕特没有上楼与我们一同就寝，假装要读书而在楼下店里，他是在等候林肯回来。十点已过，他与托德小姐的晤谈仍未结束。终于，十一点过一些，他大摇大摆地走进来。根据林肯逗留的时间，施毕特已知道他的办法并未被遵行。

“喂，老同伴啊！你按照我的指示和你所答应的去做了没有？”这便是施毕特的第一句话。

“是的，我照办了，”林肯心事重重地回答，“当我告诉玛丽我不爱她的时候，她便放声大哭，几乎从椅子上跳起来，搓着两手显得很痛苦，并且说些骗子应当自己小心受骗一类的话……”然后他住嘴了。

“你还说了什么？”施毕特追问，打算向他问个究竟。

“老实说，我实在受不了啦！我也泪流满面，我将她抱起来吻了她。”

“这就是你解除婚约的方法呀！”施毕特讥诮道，“你不但做了傻瓜，而且你如此举动，等于重新订婚，按情理这一次你就休想退婚啰！”

“唔，”林肯支吾着说道，“若是我重新订婚了，也只好算了。既然已成事实，我也只得履约了。”

时间飞快，婚期迫近了。女裁缝们都在为玛丽做嫁衣。爱德华家的大厦已重新油漆，客厅都重新布置，地毯换新，家具也擦亮，搬到适当的位置。

然而就在同时，林肯正遭遇一件不幸的事，没有人知道是什么毛病。心理上的压抑和一般的忧伤是不同的；那是一种严重的病症，影响到精神和身体两方面。

现在林肯一天比一天消沉，萎靡不振。他的心神几乎失常，也许是这次无可言喻的苦痛，使他的脑子留下终身的伤害。虽然他确实已同意要结婚，但整个心灵都排斥着。不知不觉中，他竟然寻找逃避的方法。他在店里楼上的房间呆坐好几个小时，无意上班，也不出席参议会。有时凌晨三点钟他就起床，下楼来，在壁炉里生火，然后坐在旁边，凝视火光直到天亮。他吃得少，因而体重开始减轻。他常发怒，躲避人们，也不与任何人交谈。

他现在对于逐渐逼近的婚姻大事感到畏缩了。他的心似乎在幽暗深渊里旋转着，他想他一定失去理智了。他写一封长信给辛辛那提的丹尼尔·杜立克博士，即西部最著名的心理医生兼辛辛那提学院医学系的主任，叙述他的病况，并且请求医生建议一种治疗方法。但是杜立克医生回答，若没有亲自检查，他是无法做到的。

婚礼定于 1841 年 1 月 1 日。当日天气清朗，春田市的富贵人家都坐上雪车，到处拜年。骏马的鼻孔里呼着白气，小铃子叮当作响，荡漾四周。

爱德华家赶忙着最后的安排。送货的孩童忙碌地敲着后门，不断送来临时赶买的物品。为了这件大事，特地请来一位名厨，这次喜筵不用火炉边的老铁灶，而用刚刚装置的新发明——烹饪专用炉。

元旦的黄昏已笼罩全市，烛光灿烂，窗口挂着冬青叶的花圈。爱德华家的气氛，因兴奋而紧张，因期待而浮动着。

6 点半，满面春风的宾客们开始光临，6 点 45 分牧师来了，手臂下夹着圣经和礼物。每个房间都堆满鲜花，花色绮丽绚烂。

壁炉里火光熊熊，劈啪作响到处弥漫着喜气。

时钟敲了7点……7点半。林肯还未到……他迟到了。

一分钟一分钟过去……慢慢地，无情地，走廊中的大钟滴答作响，一刻钟过去了，半个钟头……新郎仍不出现。走到大门口，爱德华太太不安地向马路观望。是怎么回事呢？难道他……？不！不能想象的！不可能的！

家人聚在一起……低头耳语……紧急商量办法。

在隔壁房间里，玛丽披着婚纱，身穿丝绸礼服，等待着……等待着……不安地抚弄着发上的花朵。她不断地走到窗口边，俯视着街上，她不能不看时钟。她的手掌逐渐潮湿，汗珠也布满额头。又过了可怕的一个钟头了。

他答应过的……的的确确……

9点半时，来宾一个个告辞，满脸怀疑，又显得困窘。

等到最后一个来宾走掉后，新娘子一把扯下婚纱，把头发上的花朵扔掉，呜呜咽咽地跑到楼上房间，哭倒在床上。她真是伤悲至极！啊！上帝呀！人们会如何议论呢？她将要被人笑话，受人怜悯，遭人侮辱，羞耻到不敢在街上走了。她满腔悲愤辛酸。一会儿，她盼望林肯来把她拥抱起来；一会儿，她又为他所带给她的耻辱和伤害，恨不得把他杀掉。

林肯在哪里呢？他遭到暗算吗？发生了什么事吗？他跑掉了？自杀了？没有人知道。半夜里，人们提着灯笼，大家四处去找他。有些人到城里他常去的地方寻找，有些人则沿着到乡村的路去寻找。

8.

大家找了整个晚上，黎明过后，林肯终于被发觉呆坐在他的事务所内，语无伦次。他的朋友们怕他精神失常了。玛丽的亲戚们都说他已经发疯了，所以没有来举行结婚仪式。

亨利医生立刻被请来了，林肯嚷着要自杀，所以医生交代施毕特和巴特勒轮流看守他。他的刀已被取走，正如以前安妮刚去世时一样。

亨利医生希望让他的心思多忙碌一些，就劝林肯去出席州议院的会议。他是自由党的发言人，本来应该要经常出席的。然而记录上显示，他在 4 星期中仅仅出席 4 次——每次也只有一两个小时。1 月 19 日，约翰・J・哈定正式向众院宣布，他患病了。

逃婚后 3 个星期，林肯便写了他毕生最凄惨的一封信，给他的法律事业伙伴：

“我现在是人间最凄惨的人。假使我将内心的忧愁，平均分给世人，恐怕全世界再也不出一张笑脸了。以后我是否还能快乐，不得而知。我怕是做不到了，但要我继续生活在目前的状况下是不可能的。在我看来，假如我的心境不能好转，还不如一死了之。”

威廉·E·巴顿在他著名的《林肯传记》中说：“这封信除了表示林肯精神非常困苦……他极其害怕自己会发疯之外，别无所言。”

他经常想死，甚至求死，而且写了一首关于自杀的诗，发表在杂志上。

施毕特怕他寻死，就带他到刘易斯维附近的母亲家中。他们给他一本《圣经》，把他安顿在一间幽静的卧房，由窗口可望见一弯清溪，蜿蜒流过草原，1英里外有座森林。每天早晨，有个黑奴给林肯送咖啡到床上来。

爱德华夫人，玛丽的姐姐，说是玛丽“为了要维持她的颜面，并使林肯安心，就写了一封信给他，说她答应他解除婚约。”

当然他绝不愿再那么做，他再也不想见她了。甚至在林肯逃婚一年后，他的好朋友詹姆斯·马赛尼“还以为林肯会自杀呢！”

在1841年“不幸的元月一日”过后约有两年时间，林肯完全不理玛丽，只希望她忘掉他改嫁别人。但她始终不肯，因为这与她的面子有关，也是她宝贵的自尊心使然。她下定决心，要叫那些轻蔑或怜悯她的人看看，她一定会和亚伯拉罕·林肯结婚，一定能成功的。

而他也下定决心，绝不和她结婚。

事实上，他心意非常坚定，所以在一年之内便向另一个女子求婚了。当时他已32岁了，而他的对象才16岁，她名叫莎拉·李，是巴特勒夫人的小妹，林肯曾经在她家住过4年。

林肯向她求婚，说他的名字是亚伯拉罕，而她是莎拉，分明是天配佳偶。

然而她拒绝了，因为，正如她写给朋友的信中说过："我还年轻，只有16岁，目前我对婚姻还没有考虑的打算……我一直很喜爱和他做朋友，然而你晓得，他奇特的举止和平凡的表现，总是没法子使一个刚刚踏进社会的女子倾慕的……他看起来简直像是我姐姐家属里的一个兄长。"

林肯常常为当地自由党报章——《春田日报》写社论，编辑赛门·法兰西是他的密友。不幸，法兰西的妻子非常爱管闲事，因为年逾四十又没有子女，她居然以春田市的月下老人自居了。

1842年10月初，她写信给林肯，请他第二天下午到她家去。这是一个特别的邀请，尽管他不晓得到底是什么意思，还是去了。他到达后，便被请进客厅；出乎他意料，他居然看见玛丽坐在他面前。

林肯和玛丽说了些什么，做了些什么，尽管都无卷可考。

但是，当然这位可怜又软心肠的人是没法儿逃避了。假若她哭泣——当然她是会哭泣的——他很可能即刻就向她屈服了，并且服服帖帖地为曾经逃婚的事认罪了。

以后他们经常会晤，但总是在法兰西家，私下见面。

最初玛丽甚至也没有让她姐姐知道，林肯又和她会面了。

终于她姐姐发觉了，她质问玛丽："为什么隐瞒着？"

玛丽含含糊糊地回答："既然从前有那些事发生过，所以这一次还是保密为宜。世上男人的心和女人的心一样不可捉摸。"玛丽接着说，"所以如果婚约再遭到意外，至少外面的人不会知道。"

换句话说，或说得干脆一点，因为吃过一次闷亏，她这一次便决意保密，直到她很清楚林肯有意和她结婚为止。

那么，这一次托德小姐运用什么技巧呢？

詹姆斯·马赛尼表示过，林肯经常告诉他说："他是被迫结婚的，因托德小姐总是告诉他，在道义上他非和她结婚不可。"

赫登对此事当然知晓甚详，他说过："依我看，林肯先生是为了维护他的信誉才和玛丽结婚的，这样做使他牺牲了家庭幸福。他曾经主观地、客观地并仔仔细细地检讨过自己：他肯定他丝毫不爱她，但他答应和她结婚。这可怕的思想，如同噩梦似的出现……终于他必须面对这一场信誉与家庭幸福的矛盾了。他选择前者，也附带地承受了多年的自我折磨和牺牲的痛苦，以及永远失去家庭的幸福。"

在他下决心以前，他曾经写信给已返回肯塔基的施毕特，问他婚后是否得到快乐。“请尽速回信，”林肯催得急，“因为我迫切想知道。”

施毕特回答，他婚后比他想象的更为快乐。

于是，第二天下午，即1842年11月4日，林肯勉为其难地向玛丽正式求婚了。

她打算当晚就举行婚礼；他犹豫不决，感到惊讶又有点害怕！因为事情进展得太迅速了。他晓得她有些迷信，便指出那天是星期五。然而，对于从前所发生的事记忆犹新，她现在最怕延迟了，就连24小时，她也不愿等候了。此外，那天又偏是她24岁的生日，所以他们匆匆忙忙跑到查特顿珠宝店，买个结婚戒指，并在上面刻着：“永爱不渝。”

那天下午，林肯便请詹姆斯·马赛尼做男傧相，说道：“詹姆斯，我还是要与玛丽结婚了。”

傍晚，林肯在巴特勒家里，穿上最好的服装，又擦亮皮鞋，巴特勒的小儿子跑进去，问他要上哪儿去？

林肯答道：“我想，是到地狱去吧！”

在绝望之时，玛丽已将她的嫁衣全部送人了，如今只穿一件简朴的白洋装，举行婚礼。

一切筹备事宜都是既紧张又匆忙地办好。爱德华夫人说，她在结婚的两小时前才知道这件事，她连忙烤一个结婚蛋糕，都等不及冷却，便涂上奶油，因此蛋糕的花饰颇不成形。

查理牧师身穿礼服，朗读庄严的结婚礼辞时，林肯始终面无笑容。

他的男傧相说："他看上去简直像被宣判死刑。"

林肯对于他的婚姻，只提过一次。那是结婚一星期后，他写给撒弥尔·马歇尔的商务信上，末尾的一段附笔。这封信现在由芝加哥历史协会保存着。

"乏善可陈，"林肯写道，"我却结婚了，那对我真是莫名奇妙的事。"

第二部

困顿中年

9.

当我住在伊利诺伊州新沙连写这本书时，我的好朋友亨利是当地的律师，好几次对我这样说："你该去拜访吉姆·麦尔斯伯伯，他有一位姨父，名叫赫登，是林肯的律师同事，还有一位姑母出租过一户公寓，是林肯夫妇的房东。"

那是条有趣的线索。我和亨利先生就在7月的一个礼拜天下午，坐上他的车，直驶到新沙连附近的麦尔斯农庄去。从前林肯徒步到春田市借法律书籍时，路过这所农庄，总要逗留一下，讨杯苹果酒喝，说上几句话。

我们到达后，吉姆伯伯拖出3张摇椅，放在前面院子一棵大枫树下，看着小火鸡和小鸭在周围的草地成群嬉戏，我们居然畅谈了好几个钟头。吉姆伯伯讲述有关林肯的一件事，是从未被透露过的。事情是这样的：

麦尔斯先生的姑母嘉德琳，嫁给一位名叫雅克·M·安利的医生。大约林肯到达春田市一年后，即 1838 年 3 月 11 日的夜晚，一个不知姓氏的人，骑马到安利医生的家，敲了门，把医生喊到门口，突然举起双管猎枪射杀了他，然后跳上马飞奔而去。

春田市虽小，却始终抓不到这个枪杀犯，这桩血案至今仍是一个谜。

安利医生只留下一小块房地产，因此他的孀妇不得不招收房客，藉以维持生计。林肯夫妇新婚后不久，便到安利太太家里住下。

吉姆·麦尔斯伯伯告诉我，他经常听见他的姑母，即安利太太讲起这段事：一天早上，林肯夫妇正在用早餐，林肯不知做了什么事，竟然惹起他太太的怒火。其实是极小的事，但林肯夫人大发雷霆，把一杯热烘烘的咖啡，朝着她丈夫脸上泼过去，当时其他房客也在座。

林肯一声不响，神色自若地坐着。还是安利太太拿来一条湿毛巾，让他擦拭脸和衣服。由这件事，就可想象林肯夫妇尔后 25 年的婚姻生活了。

春田市有 11 位律师，但他们不能全靠那里谋生，于是他们常常骑着马，从一个乡镇转到另一个乡镇，随着戴维·戴维斯法官出庭的地点移转。别的律师们总是设法在每星期六赶回春田市与家人共度周末。

唯独林肯不然，他十分怕回家，春季 3 个月，夏季 3 个月，他总是在外地巡回，从来不接近春田市。

一年复一年，他一直如此。乡间旅馆是极不舒服的，但他还是甘愿忍受，而不愿回家，因为他受不了林肯夫人不断的唠叨和暴躁的脾气。“她整天找他麻烦，使他像失了魂似的。”这是邻居们所说的话。那些邻居们当然知道这情形，因为她常大声责备林肯，从不避讳别人。

“林肯夫人那又响又尖锐的声音！”柏卫基参议员说道，“连对街都能听得到，而她不断的怒吼声，是邻居常听见的。有时她还用言语以外的方式来发泄怒气，她的暴行真是不可胜数！”

“她将她的丈夫，带进一种既野蛮又激烈的生活中。”赫登说。

赫登认为他明白为什么她会显出这样令人畏惧又泼辣的个性。

她是存心报复。“他曾经粉碎了她骄傲的女性尊严。”赫登如此推测，“她觉得在众人面前丢了脸；为了报复，就不顾爱情了。”

她永远在埋怨，永远在批评她的丈夫。指责他从没有一件事是对的：他的肩膀上耸，走路不好看，两脚僵直如印第安人一般。她嫌他步伐不轻快，姿势不优美。她模仿着他的姿态，并且要他走路时脚尖先着地，像她在梦黛夫人那里所学的一样。她不欣赏他的两个耳朵太向前突出，又说他的鼻子不够直，下唇突出，他的样子活像个痨病患者，他的手足太大，头又太小。

他对于个人的外表仪容异常漠视，更使她极端的不快。

赫登说："林肯夫人发脾气不是没有缘故的。"有时她的丈夫在街上行走，居然一只裤管塞在靴里，另一只则罩在靴外。他的皮靴甚少擦油或刷亮，衣领经常很脏，外衣也从不刷洗。

詹姆斯多年住在林肯家的隔壁，曾经写过："林肯先生常到我家来，脚穿着一双拖鞋，下身穿的是一条背带吊着的褪色旧裤子。"天气热了，他要出去时，"穿件肮脏的麻布衫当作外衣，衣背汗渍斑斑，好似一幅地图。"

有一个年轻的律师，曾在一家乡间旅社见到林肯准备要上床时，穿的是"自制的黄绒布睡衣，长至膝盖与踝骨之间。"他惊讶地说，"他是我所遇见过的最糟糕的家伙。"

他一辈子未曾买过剃刀，又很少上理发店刮胡子，林肯夫人当然不满意啦！

他的头发，又粗又密，披满一头，好似马鬃一般，也从不梳理。这使玛丽非常生气，有时她替他梳好头发以后，马上就因为他把皮夹、书信和公文放在帽子里头，而再搞乱了。

有一天，他在芝加哥照相，摄影师吩咐他稍为"修饰"一下。他便回答："一张修饰整齐的林肯肖像，在春田市是不会有人认识的。"

他用餐的礼仪粗俗随便。他不会用刀，又不会把它适当地放在盘子上。用叉子吃一块面包和鱼的时候，他全然不得其法。有时他将盛肉的大盘子倾斜，将一片猪排扒落在自己的碟子上。因为他一定要用自己的刀子拿牛油，林肯夫人就和他闹个不休。而有一次他竟把鸡骨放在盛着莴苣的小碟上，她几乎昏倒了。

她总是抱怨他，责骂他，因为当妇女进门时，他不起身相迎，不会过去帮她们接外衣，也不送客到门口。

他喜爱躺着看书。下班回来，他就脱掉上衣、皮鞋以及硬领，并把背带放松，把走廊里的椅子翻倒在地，在它斜背上放个枕头，四肢舒展地躺在地板上看书报。

他可以那样躺着，一连看上几个钟头——多半是报纸。有时候他就从一本名叫《阿拉巴马的全盛期》的书中，选读一则自认为幽默，而有关地震的故事。他经常念诗，并且大声地朗读，这是他在印第安纳的朗诵学校里早已养成的习惯。他觉得高声朗读，不但可由视觉幻想得到印象，从听觉也可以加深印象，使记忆更持久。

有时候，他躺在地板上，闭着眼睛，背诵莎士比亚、拜伦或爱伦坡等人的诗。

例如：

每当月光照耀，我就想起
美丽的安娜蓓·李
每当星光闪耀，我就看到
明眸的安娜蓓·李

一位妇人是他们的亲戚，曾在林肯家住过两年。她说过，有一晚林肯正好躺在走廊读书，有客人来了。不等仆人开门，他就跳起来，穿着衬衫走过去开门，把客人引进客厅，说他愿意“向这批妇女们展示一番”。

林肯夫人从隔壁房里看见妇女们进来，又听见她丈夫如此开玩笑，立即大发雷霆，使他奇窘。他便溜出那栋房子，直到夜深人静时，才由后门偷偷地溜回来。

林肯夫人最会嫉妒，她对施毕特毫无好感。他一直是她丈夫的好友，而她疑心他可能唆使林肯逃婚。婚前，林肯写信给施毕特时，习惯在末尾写着：“献爱于芳妮。”但是婚后，林肯夫人只许他写：“问候施毕特夫人。”

林肯从不忘恩，那正是他高尚品德中的一点。为了表示感谢之意，他许诺第一个孩子要取名为乔舒亚・施毕特・林肯。玛丽听到了，又大起风波了。那是她的孩子，当然要由她来命名啊！她绝不命名为乔舒亚・施毕特！而是要命名为罗伯特・托德，以纪念她自己的父亲，等等。

不用说，这个孩子还是命名为罗伯特・托德。他是林肯 4 个孩子中唯一长大成人的。艾迪于 1850 年卒于春田市——年仅 4 岁；威利死于白宫——年仅 12 岁；泰德于 1871 年死于芝加哥——年仅 18 岁。

托德于 1926 年 7 月 26 日，死于佛蒙特州曼彻斯特——享年 83 岁。

玛丽埋怨园里没有花草树木来增色，林肯就种了一些玫瑰花，但也不浇水，不久便枯死了。她要他布置一个花园，有一年春天他照做了，但结果又长满了野草。

虽然他不喜欢劳动，却亲自喂养并刷洗“老白”这匹马；

他也喂养自己的牛，亲自挤奶，而且锯自用的木柴。甚至被选为总统后，他还是继续这样做，直到他离开春田市。

然而，约翰·哈克斯——林肯的表弟，有一次说过：“林肯除了梦想之外，不会做什么事。”林肯夫人呢？当然同意。

林肯时常心不在焉，总会陷入出神的状态中，看起来像忘却了这个世界的存在。星期日，他常把一个婴孩放进一部小推车里，在家门口那崎岖不平的人行道上，来回地走。有时小孩子翻身跌出车外，林肯还是向前推着，他的双眼盯住地上，一点都听不见孩子的哭喊声。他简直不晓得到底发生了什么事，直到林肯夫人从门口伸出头来，用尖锐的怒声向他大骂时，他才恍然大悟。

有时他在办公室劳碌了一天回到家里来，看见她，却视而不见，也不说话。他对食物也不感兴趣。她将菜肴预备好，经常还须费一番力气，才能把他叫进餐室。尽管她叫着，他却没有听见。他总是坐在餐桌边，望着空中发呆，忘掉该吃饭，直到她再催促他。

饭后，他常痴望着壁炉半小时之久，一言不发。孩子们在他身上爬动，扯他的头发，和他说话，可是他好像都不注意到他们的存在。然后他会突然醒悟过来，就说个笑话，或背诵他心爱的诗句。

林肯夫人批评他从来不管束孩子。但是由于他太溺爱他们，就看不见他们的过失了。“他从不忘记赞许他们的好行为，”林肯夫人说过，“他还说：‘我喜欢孩子自由又快乐，不受父母专制的管束，爱才能把一个孩子和父母连结起来。’”

他纵容他的孩子，有时的确太过分了。例如一次，他和最高法院的一位法官在下棋时，罗伯特来告诉他，吃饭时间已到。林肯回答：“来了，来了。”因为下得太高兴了，他忘了有人来叫，就又继续下棋。

孩子第二次来，说林肯夫人催他们快去吃饭。林肯又答应快去了，但仍然忘记。第三次罗伯特又来叫，林肯又答应了，却仍然继续下棋。忽然这孩子退后一步，猛踢一下，把棋盘踢得比人还高，棋子儿到处乱飞。

“唔，法官，”林肯微笑着说，“我想我们只好另找时间再下完这一盘棋了。”林肯显然是未曾想到要教训他的儿子。

林肯的孩子，常爱在夜间躲在树篱后面，由篱笆伸出一根板条，街道上没有路灯，行人常常碰到板条，帽子就会掉下来。有一次，在黑暗中，孩子们弄错了，把他们父亲的帽子打了下来。他并没有谴责他们，仅仅告诉他们要小心，因为这样也许会惹得别人大发脾气。

林肯不属于任何教堂，甚至和亲友们也不讨论宗教问题。不过，他有一次告诉过赫登，他的宗教信仰像印第安纳一位名叫格林的老人一样，那老人说过：“我做好事时心中快乐，做坏事时心中难过，那就是我的信条。”

当孩子们比较大时，在星期日早晨，他常带他们出去散步。有一次，他把他们留在家里，而与林肯夫人一起到长老教会礼拜堂去了。半个钟头后，泰德走进屋里，找不到他的父亲，就连奔带跑经过街道直冲进礼拜堂。他的头发散乱，鞋带未绑，袜子松弛下垂，脸和手沾满着灰泥。林肯夫人，装扮得衣冠整齐，不觉为之愕然，感到奇窘；但林肯从容地伸出长臂，亲密地将泰德抱入怀中，将孩子的头紧紧地靠在自己的胸上。

有时在星期天的早晨，林肯就带着孩子到办公室去，随他们捣乱一阵。

“他们不久即在书架上乱翻，”赫登说，“搜抽屉，乱倒盒子，将我的金钢笔尖敲坏了……把铅笔丢进痰盂，墨水瓶翻倒在纸上，又将信件散乱一地，并在上面乱跳一气。”

而林肯呢？“从来没有责怪他们，也没有做出一个父亲常有的厌烦的样子。他是我所知道最为放纵的父亲。”赫登这样下结论。

林肯夫人难得到办公室去，但当她去时，也要吓一大跳。这也难怪！那地方可说一无次序，没有整顿，到处乱堆着东西。林肯将好多文件卷成一束，上面写道：“如果在别处寻找不到，请翻查这一束。”

正如施毕特所说，林肯的习惯是“经常的无次序”。

在一面墙上有一大片墨水印，这是因为一个学法律的学生，曾经拿起墨水瓶打另一个学生，未打中而打在墙上。

那办公室很少清扫过，也没有洗刷过地板。有些放在书架上的花卉种子，因灰尘堆积，居然萌芽长大了！

10.

在好多方面，全春田市找不出比玛丽更为节省的主妇了。但对于炫耀的事情，她是极为奢侈的。在林肯家还供应不起的时候，她偏偏买了一辆马车，并且请邻居的男孩子为她驾车，在城里周游访客，一个下午给他两角五分钱。那地方不过是个小镇，她尽可以步行或是雇马车的。但是她不肯，因为那样她就失去体面了。不管他们一家是何等贫困，她总是设法筹钱去购买一些林肯无法供应的昂贵衣服。

1844 年，林肯付了 1500 元买下查理牧师的住宅。那位牧师曾于两年前为他们举行过婚礼。这所住宅有客厅、厨房、起居室、寝室；后院有柴堆、小房以及马厩，让林肯安置他的牛和那匹叫“老白”的马。

起初那地方对于玛丽，像是个地上乐园；因为和以前租房子时空无一物的房间一比，实在好太多了！而且，她又有拥有自宅的新鲜感和成就感。然而不久后，那些完美亦开始消失，她不时指责这房子的缺点。她姐姐住的是两层楼的大厦，但这房子仅有一层半高。她有一次和林肯说过，任何有一点出息的人，绝不会住在这种一层半楼的房子里。

通常，她向他要求任何事物时，他从不过问是否必要。“你既然要，”他总是说，“那就尽管去买吧！”不过就这一次，他到底抗议了：家庭人口少，而房子是够住的。并且，他又是个穷光蛋；当他们结婚的时候，他只有500块钱，以后一直没有增加积蓄。他晓得他们是无力扩充房子的；她也知道，但她还是一味地催促抱怨。最后，为了叫她安静下来，他便叫一个包工来估价，林肯背地里要他把房子估得昂贵些，他照做了，于是林肯就告诉她价格，她愕然失措，他便以为此事已了。

可是他太乐观了，在他下一次上路巡回的时候，她另外请了一个木匠，做了较低的估价，就立即开工了。

当林肯回到春田市，走上第八街时，几乎认不出自己的房子。遇见一位朋友，他就半开玩笑半认真地询问：“借问一下，您能够告诉我林肯先生住在何处吗？”

他做律师的收入原本不多，常常是很拮据的。如今他一回家，就多了一笔又大又不必要的木匠账目。

那事使他很烦恼，而他也向林肯夫人说了。

她便使出唯一应付批评的方法——大闹一场。她指责他不会理财、不会周转、向人收费太低。那是她最大烦恼之一，许多人也很赞同。别的律师经常认为林肯收费太低，而大感不悦，说他使整个律师同业都只收30块钱。

甚至1853年，林肯已44岁，仅再过8年就要进入白宫了。他在麦克林处理了4个案件，总共只收30块钱。

他说，许多顾客都同他一样贫穷，他不忍向他们多要钱。

有一次，一个客人付他25元；而林肯都退回10元，说他太慷慨了。

还有一次，他为一个拥有万元资产的精神失常的女子辩护，免于遭受一个骗子的勒索。林肯在15分钟内就胜诉了。一个小时后，他的同事华德·雷蒙，走过来要平分250元的手续费。林肯声色俱厉地斥责他。雷蒙抗议着说，这笔手续费是先说定的，而且那女子的哥哥也同意付出的。

“也许吧！”林肯反驳道，“但我不以为然，这笔钱来自一个又穷又疯的女子；我与其如此欺骗她，不如饿死。你至少退还一半，否则我分文不取。”

又有一次，有个经办养老金的人，向革命军人的寡妇，勒索400元养老金的半数。那个寡妇已经老迈，又十分贫苦。林肯叫她提出诉讼，为她辩护而胜诉，但没有收费。此外，他还替她付了旅馆的账，并给她钱买车票回家。

有一天，阿姆斯登的寡妇有了大问题来找林肯。她的儿子德夫，被控告在酗酒滋事时，谋害一个人，她央求林肯解救他的孩子。林肯在新沙连时就认识阿姆斯登家，其实，当德夫还是婴儿时，他就摇过他的摇篮呢。阿姆斯登家的人是粗犷暴躁的，但林肯仍然爱他们。杰克·阿姆斯登即德夫的爸爸，曾做过克拉利丛林少年帮的领袖，他和林肯的角力，是众所皆知的。

老杰克如今已死去。林肯很乐意出庭，并做了他毕生最感人肺腑的一场辩护，终于解救那孩子免于死刑了。

这位守寡的母亲仅有40英亩地，便想要全部送给林肯。

“韩娜伯母，”他答道，“多年前我贫困而无家可归，你收容了我，供我吃，为我补衣，所以我现在绝不收你分文。”

有时他劝当事人在庭外和解，也不收他们半文手续费。有一次，他拒绝对某一个人起诉，说道：“我真是替他难受，因为他又穷又是个跛子。”

诸如此类的仁慈和体恤，虽然是优良的品性，但都赚不到钱，于是玛丽就又谩骂吵闹了。她的丈夫简直没出息，因为其他的律师都靠着他们的收入日渐宽裕起来。戴维・戴维斯便是一例，还有罗根，还有史蒂文森・道格拉斯。他在芝加哥投资作房地产生意，居然发了一笔大财，并成为一位慈善家，赠送芝加哥大学7亩值钱的地皮，给他们建宿舍。此外，他现在已是国内出名的政治领袖了。

玛丽多么地怀念他，又多么热切地盼望和他结婚啊！作了道格拉斯太太，她就可以成为华盛顿的社交领袖、穿上巴黎时装、去欧洲旅行，和皇后、伯爵夫人们同席，将来还可以住在白宫呢。就这样，她总是陷入虚幻的白日梦中。

作为林肯的太太，她的将来是如何呢？他将以现状终其身：一年中有6个月要出外巡回，撇下她一人留守家中，对她毫无爱情，又不理会她……这现实的生活，比起当年她在梦黛夫人学校所梦想的，实在大不相同啊！

11、

如前所述，在许多方面，林肯夫人是位节省的主妇，而且她颇以计算精明自傲。她购买日常用品非常细心，而且伙食的办理颇为节省，剩菜残肴只够喂猫。林肯家不曾养狗。

她购买香水，一瓶又一瓶，打开瓶塞，试用后又退回去，说那些是劣等货，又说那些都装错了。她屡次这样致使当地的药商拒绝再送货给她，其账簿如今还留在春田市，用铅笔写着备注："林肯夫人退回的香水。"

她经常给生意人添麻烦。例如：她老是疑心那位冰商麦尔在欺骗她，给她的分量不够，于是就同他吵闹，拉起既尖又响的嗓子辱骂他，同街的邻居都打开门来看热闹。

这已是她第二次的吵闹，于是冰商就发誓：他宁愿让她热得如下地狱，也绝不再卖给她一块冰了。

他说到做到，不再做林肯家的生意。那是很惨的！而镇上只有他这家冰店，于是，玛丽也不得不低头了。但她自己不好意思去，她送两角五分钱给一个邻居，请他设法劝慰麦尔再送冰给她。

林肯有个朋友，创办一份报纸，名为《春田共和报》。他满街兜揽生意，林肯也订了一份。当第一份报纸送到门口时，玛丽大怒。什么？又是一份没用的报纸！她辛辛苦苦地省钱，他却这样浪费！她又训又骂，林肯为了安抚她，只得说他不曾叫人送报。这也是真的，他仅说他愿付一份钱，他并不曾要他们送报。这是律师的手腕啊！

当晚，瞒着她的丈夫，玛丽写了一封不客气的信，对这份报纸加以批评，进而要求停止送报。因她过分侮慢，所以编辑就在报纸上公开答复她，并写信给林肯，询问究竟。林肯因这事情闹得满城风雨，为此气坏了！他就写信给编辑，低声下气地向他道歉，并解释事情原委。

有一次，林肯想招待他的继母到家里来共度圣诞节，但玛丽又反对。她讨厌那些长辈，也十分瞧不起汤姆·林肯以及哈克斯家的人。她以见他们为耻，为此林肯担心他们来了，她真会不许他们进门。22 年来，林肯的继母住在离春田市 70 英里的地方，他常去看她，可是她却不曾到过他家。

他亲戚中，唯一在他婚后到过他家的，是他远房的堂妹——哈露·哈克斯，一位性情温和，头脑清晰的女子。林肯很喜欢她，当她在春田市就学期间，便邀请她住到他家里，林肯夫人不但要她做各种家事，还要她做苦工。林肯大为反对，不愿见这种不平的事，结果大闹一场才平息。

她永远雇不了佣人，她那恶劣脾气只须爆发一两次，佣人就卷铺盖走路，如此不知换了多少佣人。女佣都瞧不起她，相互告诫，终于没人肯再到林肯家帮佣。

她时常抱怨，还写信给她的友人，诉说雇用的爱尔兰人如何无礼，说也奇怪，在她家帮佣的爱尔兰人确实有些无礼。她常说，如果林肯比她先死，她肯定到南方养老。从前在勒星顿时，和她一起长大的亲友都无法忍受佣人们的无礼。假使黑奴不听指挥，便可送到广场上，那里有专门惩罚奴仆的场所。托德家有位邻居，曾用皮鞭打死 6 名黑奴。

“老贾克”是当时春田市中一个很出名的人物。他驾着一辆破旧的马车，为人送货，颇以“专差送货”为荣。不幸他的侄女到林肯家当女佣，没几天，主仆口角。这位女子脱下她的围裙，收拾行囊，“砰”地一声，扬长而去。

那天下午，老贾克驾着驴车，到第八街和杰克逊街口，告诉林肯夫人，他要来拿他侄女的行李。林肯夫人发怒，粗言恶语骂他及他的侄女，并且恐吓说，如果他敢走进门就打，老贾克一气之下，直奔林肯的事务所，定要林肯夫人道歉不可。

林肯心平气和地听完他的诉苦，忧郁地说道：

“我非常抱歉，但我坦白地问你，难道我这 15 年来，天天所必须忍受的，你连几分钟都无法忍耐吗？”

结果老贾克对林肯深表同情，并且抱歉不该来打扰。

有一次，林肯夫人雇用一个女仆，竟然超过两年之久，邻居们都啧啧称奇。他们不明了其中缘故。理由甚为简单：林肯私下和她讲了条件。她刚来时，他叫她到一边，坦白地告诉她会有很多不如意，但这是不可避免的事。要她不必理会。林肯答应她，假使肯忍受，他每星期再多付一块钱给她。

怒骂的事当然免不了，马丽亚因林肯精神上及金钱上的鼓励，便一一容忍了。每当林肯夫人对她斥骂一顿后，林肯便找机会溜到厨房里，趁无人时，拍拍她的肩，鼓励她说："很好！保持你的勇气，马丽亚，不要离开她，不要离开她。"

后来这个女仆结了婚，她的丈夫曾在格兰特将军手下作战。李将军投降后，马丽亚赶到华盛顿要求她丈夫脱离军籍，因为她和小孩贫困无依。林肯看到她非常高兴，便坐下来和她谈往事。他原想留她吃晚饭，但马丽亚很客气地推辞了。于是他就送她一篮水果以及买衣服的钱，并告诉她第二天再来，他就可以发给她通行证由防卫线穿过。但是她没有再来访，因为当晚林肯就遇刺了。

林肯夫人就是这样，一直爱发脾气，不断地刺伤人们或引起人们的厌恶。有时她举止犹如疯子。托德家的人原有一些怪癖，玛丽父母又是堂亲，或许太近的血统更加强了这份性格上的怪癖。好些人——连她的家庭医生也在内——总是怕她有早期的精神病。

林肯本着基督的精神忍受这一切，从不和她斗嘴。但他的朋友则不以为然。

赫登责骂她像一只"野猫"又似一只"母狼"。

特尔诺·金最崇敬林肯，亦称玛丽是“鬼怪、母夜叉”。

约翰·特，在华盛顿当总统的秘书，更叫她一个“不堪入耳”的名字……

春田市美以美教会的牧师，住所离林肯家很近，他和林肯亦是朋友，他的太太说：“林肯的家庭生活非常不快乐，林肯夫人常常拿扫帚将他赶出大门。”

詹姆斯和林肯隔邻有16年之久，说林肯夫人身上“附着魔鬼”，她常有幻觉，像个疯子般，又哭又叫，直到邻居全部听见，总是要求邻居替她看守门户，说有暴徒要来伤害她。

时间日久，她越闹越厉害，次数愈多，林肯的朋友都非常同情他。他没有家庭生活，从不邀请他的朋友到家里吃饭，就连赫登或戴维斯法官也不请。他实在怕发生意外，他尽可能地避开玛丽，晚上在律师图书馆和同业律师们闲聊，或者到药房说笑话给人们听。

时常有人见他深夜一人漫无目的地步行，在偏僻的街道，头垂在胸前，忧愁悲伤。有时他说：“我不愿回家。”了解他处境的朋友，就带他回家过一夜。

没有人能比赫登更清楚林肯的家庭悲剧，他在《林肯传记》第三卷中提到：

林肯先生未曾有推心置腹的朋友，所以从不向人倾诉。他从未向我提起他的苦楚；就我所知，更从不向别人提起。那的确是个重担，他只是悲哀地担负着，从无怨言。他无需开口，我也晓得他是否在发愁。他不是一个真正早起的人，平时 9 点之前不会到事务所。我通常比他早到一小时。但有时他 7 点就到了，有一次记得天未亮前他就来了。每当我来到事务所见他比我早到，立刻知道他家庭生活又起波澜了。他不是躺在床榻上，两腿朝天，便是屈身倒在椅子上，把两腿搁在窗栏上。我进来时他也不抬头看我一下，只勉强回答一声："早安！"我立即忙着写东西，或翻阅文件；但是眼见他那份忧郁的神态，连我也感到坐立不安，便推说要上法庭或去什么地方，设法离开事务所。

事务所那扇通狭窄走廊的门，上面是玻璃的，玻璃外装着窗帘，用铜圈穿在铁丝上。当我出来时，一定将窗帘拉上，但我还未走到楼下，就能够听见锁门声，林肯就孤独而忧郁地留在事务所了。我就在法庭的书记室胡乱混一小时，又到邻近小店消磨一小时，再回到事务所。那时候或许已有顾客来，林肯正在大发议论，或许忧郁的气氛已消失，正在背诵一段印第安人的故事，藉以消愁。中午我回家吃饭，一小时之内回来时，我发现他仍然待在事务所。虽然他家很近，但他宁愿吃些奶酪或饼干充饥，显然这是趁我不在时出去买的。到下午五六点，我们下班分手时，还是我先走，他仍然留在事务所；或是坐在楼梯口的一个箱子上面，向一些路人说说笑话，或是走到法庭台阶前找人谈天。夜深了，事务所里若还点着灯，就表示他还在。直到人们都已安然入睡，这位高个子的未来总统，才在房屋和树木的黑影下，慢慢地踱回家，静悄悄地溜回一栋中等的住宅，这便是他的家。

也许有人认为我形容过度。如果那样，我只能说，他们不知情。

有一次林肯夫人实在闹得太不像话了，连这位“永无恶意，慈爱待人”的林肯都给惹火了，就抓住她的臂膀，拉她走过厨房推到门口，怒道：“你毁了我一辈子！我的家被你变成地狱！现在，我诅咒你，你滚出去吧！”

12.

假如林肯娶安妮为妻，他的家庭生活一定会非常快乐，但绝不会做总统。他的思想和动作都较别人慢，安妮也不会逼他在政治上出人头地。但是玛丽对“进入白宫”的决心着了迷，和林肯结婚后不久，立刻要他代表自由党竞选国会议员。

那是一场激烈选战，说起来令人难以相信，林肯的政敌因他不属于任何教会，竟骂他无神主义者，因他和托德及爱德华等大家族联婚，就痛斥他为有钱有势的阶级工具。这些控诉虽是无稽之谈，但林肯明白这会妨碍他的政治前途。所以他回复他的批评者：“自我来到春田市，只有一位亲戚曾经来看过我，况且这位亲戚，还未离城以前，就已被控偷窃一个犹太人的竖琴呢。假如这事证明我是一个既骄傲又高贵的家族，那么我就认罪。”

正式选举时，林肯落选了，这是他在政治生涯中第一次遭受到的挫折。

两年后他再竞选，意外当选了。玛丽简直欣喜若狂，认为这是他政治生涯的新开始，她立刻订制一套全新的晚礼服，又忙着温习法文。当她的丈夫一到首都，她写信时就改称他为“敬爱的林肯大人”，然而他立刻制止了她。

她一心只想移居华盛顿，以便进入她渴望已久的社交圈，好让她从此享尽荣华富贵。但当她来到东部时，却发现根本就不是那回事。林肯穷困不堪，在未领薪水之前，不得不向道格拉斯借钱来应付开支。因此林肯夫妇暂时在绿叶街的施布雷太太的公寓里寄住。施布雷太太房屋前方的街道不曾铺平，人行道满是飞沙和细石，房间简陋凄凉，更没有自来水设备。在后院有一间小屋，一间鹅舍和一块菜圃，邻居的猪常来偷吃蔬菜，施家的小孩必须经常拿棍子赶猪。

当时在华盛顿城里没有负责扫除垃圾的人，因此施布雷太太就把垃圾堆在房子后面，任凭路过的牛猪鹅随意取食。

林肯夫人虽然接近了华盛顿的高等社交场所，她却无法进去。她只得孤单地坐在冷清的卧室中，守着那群宠坏了的孩子，并常感到头痛，仍无人理会——只听得施家的孩子，叫喊着把猪赶出白菜圃。

这些虽然不顺心，却不知以后还有更令人沮丧的政治失败。林肯当选国会议员时，美国早已和墨西哥交战 20 个月了——这是一场不体面的侵略战争，全是国会中那些主张蓄奴者闹出来的，为的是要多得些蓄奴的地区，可以多拉拢一些赞同蓄奴制度的议员。

在这次战争中，美国占了两件便宜。得克萨斯州原是属于墨西哥的，后来脱离了，于是美国强迫墨西哥放弃在得克萨斯州的一切权益；其次，美国要墨西哥割让一半土地给美国，划分为新墨西哥州、亚利桑那州、内华达州及加利福尼亚州。

格兰特将军认为那是有史以来最可耻的战争，他永远不能原谅自己，因为他亦曾经参战。许多美国士兵都叛变投降敌军；在圣大阿纳有非常擅战的一个营军队，全是美国投降的军人所组成的。

林肯在国会里发表演说，以前自由党党员也曾发表过这一类的演说，他抨击总统发动了“一场抢掠谋杀，一场不义的打劫战争”。又称上帝竟然“忘记保护弱小无辜者，而允许这些强悍的杀人者和地狱来的魔鬼，杀戮男女老幼，使正直人的土地荒芜而遭到浩劫”。

首都对于这一类批评毫不介意，因为林肯还是无名之士。但是在春田市却大起风波。伊利诺伊州曾派出6000人参战，他们认为是为了自由的神圣使命而战的。而今他们所选出的代表却在国会中，骂他们的士兵是地狱来的魔鬼，又控告他们谋杀。

一怒之下，这些激动的党员们就召集公开的会议，骂林肯“卑鄙……”“怯懦……”“叛变的游击队……”“贝纳狄克特·安诺德第二”（美国最早期的叛国者）。

在一次开会中，大家决议，声称他们从来没有遭受过“如此严重的耻辱……如此不名誉的毁谤与丑化，加于勇敢的人民和伟大的牺牲者身上，实在令每一个真正的伊利诺伊州人民愤怒不已”。

那愤怒的情绪是如此激烈，竟酝酿了二十余年。13年后，当林肯被提名竞选总统时，这些非难辱骂又再度加在他的头上了。

“我在实行政治自杀！”林肯曾向他的律师同业提起过。

如今他不敢回家，害怕面对那些怨恨的投票者。于是他希望在华盛顿找份职业，便开始联络地政局的局长，都未成功。然后他又尝试要当奥勒冈边境的州长，希望利用这一州加入联邦时，他可以被选为国会议员，却又失败了。

于是，他重返春田市，再回到他那肮脏的律师办事处。再驾着东倒西歪的马车，骑着老白，奔走于第八审判区，成为全伊利诺伊州最为凄惨落魄的人。

他决心就此放弃政治生涯，专心从事于律师业务。他自知做事不够精干，又欠缺理智上的统治力。于是为了要训练自己的理解和逻辑思考力，他便买了一本几何学，驾着马车上路时随身带着。

赫登在其传记里写道：

在乡村的旅馆中，我们通常共睡一张床。林肯时常因床铺太短，不得不将脚搁在床脚板上，露出一截胫骨。他总是在床头边的椅子上点一支蜡烛，专心地看书，有时看到深夜两点。那时，我和其他同事都早已入睡了。上路时，他带着几何学，仔细研究，直到他能清楚地证明书里的一切定理。

读熟了几何学以后，他又研读代数、天文学，然后准备一篇演说稿，标题是“语言的来源和发展”。他最感兴趣的还是莎士比亚。杰克·凯尔逊当年在新沙连时给予他的深刻影响，一直未变。

从这段时期至他逝世为止，亚伯拉罕·林肯最显著的个性是极深刻的悲哀，简直非笔墨所能形容。

当韦克正帮助赫登撰写那部《林肯传记》时，他觉得关于林肯忧郁个性的报道言过其实。于是他亲自访问林肯最接近的朋友，如司得特·惠特尼、马赛尼、施毕特及戴维斯法官，向他们提出这一点来讨论。

最后韦克才确信：“不曾见过林肯的人，是无法了解他那种忧郁的个性。”赫登不但同意这句话，还说道：“如果说20年来林肯有过一天快乐的日子，我是未曾看见。忧郁的形象是他最明显的特色。当他走路的时候，忧伤似乎从他身上滴了下来。”

当他于巡回路上时，常和三两位律师同住一屋。一早他们就被他吵醒了，只见他孤寂地坐在床边口里念念有词，都语无伦次。起床后，他总会升起壁炉的火，呆坐几个小时，双眼凝视着火焰。时常他就背诵着：“噫彼死神，何骄之有？”

他常于街上行走时，因思绪陷入绝望中，竟不理会街上遇见他或和他说话的人。有时他和人握手，都不知道自己在做什么。

最崇拜林肯的白约翰·伯尔斯说道：“到布明顿上法庭时，林肯总在某一个时间，无论是在法庭、事务所或街上谈笑风生之际，突然间又陷入了深思中，没有人敢去惊动他……他总是坐在椅子上，背斜靠着墙，双脚搁在踏脚板上……腿蜷曲着，膝与下颌平齐，帽子向前覆，双手托着膝盖，眼神流露出无限悲愁，简直构成一幅失望与忧郁的画面。我看他如此呆坐了好几个小时，即使有最熟识的朋友来打扰，他也毫不予以理睬。”

柏卫基参议员，对林肯的一生最有研究，也曾下过结论说：“从 1849 年到逝世为止，林肯生活中最显著的特质便是一种深沉的悲愁，其程度非一般人所能理解或估计的。”

然而，林肯那取之不尽用之不竭的幽默，那说故事的过人才华，正与他忧郁的个性，形成不可分离而强烈的对比。

有时连戴维斯法官也会在法庭中停留一下，听听他那风趣的幽默故事。

“人们都团团围住他，有时二三百人围住他。”赫登说，“人们听他说故事，无论是赞同或持反对意见的，个个都捧腹大笑。”

一个见证人说，当林肯说到故事的精彩处时，听众竟大笑得由椅子上滚下来。

熟知林肯的人们都说，他那“无尽的忧伤”有两个原因：政治的失败和不幸的婚姻。

灰暗的岁月，一年一年的度过，转眼 6 年，林肯似乎注定永远不会再有政治发展。但由于一次重大事件，却扭转了林肯的命运，使他走进了白宫。

这件事的发起和煽动者，就是林肯夫人的旧情人——史蒂文森·道格拉斯。

13.

1854 年，林肯遭遇到一件大事，那是源自废止“密苏里妥协”而引起的。所谓“密苏里妥协”，大致情形如下：1819 年密苏里想以蓄奴州的名义加入联邦，北方坚持反对，情势愈趋紧张。最后由政府几位有才干的官员研拟出所谓“密苏里妥协”，南方如愿以偿，密苏里加入联邦成为蓄奴州；北方也达成了目的，美国西部各州，凡是位居于密苏里南部边界以北的，都不属于蓄奴州。

人们以为蓄奴的争执，就此可告结束了——暂时确是结束了。如今，三十余年后，史蒂文森·道格拉斯却废除这项妥协，致使密西西比河以西，大小与原来 13 个州相仿的新区域，永远受蓄奴之害。

他在国会里长期抗争要求废止妥协，争执了好几个月。有一次，在众议院闹得最凶时，议员们竟跳上桌子拔枪举刀相对峙，终于在1854年3月4日，道格拉斯动人的演说由半夜进行到天亮，最后议案得以通过，这是件惊天动地的大事。信差奔走于华盛顿酣睡中的城市街道上，高呼传递这件新闻。海军船坞鸣炮庆祝这个新时代的来临——将是一个血流遍地的新时代。

道格拉斯为什么要这样做呢？谁也不知道，至今历史学家们还在争论这件事情，然而有一点我们能肯定：道格拉斯希望于1863年当选总统，他晓得废除妥协能拉拢南方。至于北方呢？

“老天！我知道那边会大起风波的。”他如此说过。

他说的不错，果然，那边掀起一阵大风波，不但将两大政党打得粉碎，最后还令全国陷入内战的漩涡里。

上百的城市乡镇都同时开会表示抗议和愤怒。道格拉斯被斥为“叛徒安诺德”，人们都说他是因贝纳狄克特·安诺德（美国早期的叛国者）而得名，又称他为“现代的犹大”，送给他30块银币（犹大出卖耶稣所得的酬报），更有人送给他绳子，要他上吊。

教会亦大发雷霆，新英格兰的3050位牧师，“用上帝的名义，并在上帝面前”写了一份抗议书送交参议院，激烈而愤怒的社论更加引起群众的气愤，在芝加哥甚至民主党的报纸也对道格拉斯严加指责。

国会在8月休会，道格拉斯动身返家。他所目击的情形令他大感惊诧，事后他说从波士顿到伊利诺伊州，单是点燃着吊死他的肖像，沿途就大可不必再点路灯了。

他胆大而不服气，宣称他将在芝加哥演说。在他自己的家乡，乡人对他的愤恨变得更加狂烈。报纸抨击他，激愤的牧师要求，不容许他用“不义的气息来玷污伊利诺伊州的纯洁空气。”人们冲进五金店里去，到黄昏时，全城的手枪都卖完了。他的仇敌誓不容他活着为他无耻的行为辩白。

道格拉斯一走进城里，港里的船只立刻全部降半旗，哀悼“自由”之死。

他演说的那一晚是芝加哥空前炎热的一夜，男人们懒洋洋地坐在椅子上，脸上还滚着汗珠。女人们挣扎着要到湖边去，想在清凉的沙滩上睡一觉，却昏倒了。街上拖车的马，也有仆倒在地死去的。

尽管天气炎热，成千上万兴奋的男人们，口袋里放着枪，成群结队地去听道格拉斯演说。在芝加哥没有任何一间礼堂可容纳这么多人，于是他们拥挤在公共广场上，许多人更是爬上附近的屋顶，或站在阳台上。

道格拉斯一开口，群众就发出怪声和嘘声。他继续地说——不，他继续试着讲——但群众大声喧哗，唱出侮辱他的歌曲，更骂他一些不堪入耳的话。

他的同党忍受不住，想大打一场，道格拉斯却要求他们镇静。他自认有办法安抚这些人，但他屡试屡败。当他指责《芝加哥论坛报》时，人们都替那报纸高声喝彩。他威胁着说，他们若不让他演讲完，他就要整夜站在那边，而 8000 人都齐唱：“不到早晨我们不回家，不到早晨我们不回家。”

那个星期日早上，终于在饱受 4 个小时侮辱而一无所成之后，道格拉斯取出怀表来看，向着那些咆哮着、吼叫着又摩拳擦掌的群众嚷道：“现在已是星期日早晨，我要上礼拜堂去了。你们请下地狱去吧！”他精疲力竭，终于认输，离开了讲台。这次是这位“小巨人”有生以来，初次受到的最大耻辱和失败。

第二天早上，各报章都报道了这段消息，在春田市，却有一位骄傲、肥胖而近中年的黄发女人，读到这段消息而特别高兴。15年前，她曾经梦想着要做道格拉斯夫人。历年来，她眼看着他飞黄腾达，一直到他成为全国最有名气最有势力的政治领袖，然而她的丈夫却一败涂地；在她内心深处，实在恨透了他！

如今，感谢上帝，这傲慢的道格拉斯垮台了。他在自己本州岛内把自己的政党分裂了，而且正好在选举之前，林肯的机会就来了。玛丽看得清清楚楚，这是他挽回1848年所失去的群众欢心的大好机会，在政府方面复职的机会！固然，道格拉斯还有4年任期才届满，但是他的同事在几个月内就要再度出来竞选。

他的同事又是谁呢？一个傲慢而好争的爱尔兰人，名叫雪尔德。玛丽和雪尔德亦有旧隙。早在1842年，因为他写了一封侮辱的信，雪尔德要求和林肯决斗，于是两人各带了长剑，由副手陪行，在密西西比河的一方沙洲上，准备拼个你死我活。但到了最后一刻，经朋友们的调解，总算免于流血。那时起，雪尔德的政治事业蒸蒸日上，但林肯却落败下来。

林肯一败涂地后，又渐渐恢复了。据他说，“密苏里妥协”的废除“唤醒”了他，他不再保持缄默了，他已决心要以他整个心灵的毅力和信心来迎头痛击。

于是，他就开始准备演说辞，在州立图书馆一连用功好几周，参考史实、收集资料、分类、分析，并研读当时参议院为通过该议案，参议员所发表的激烈争辩的内容。

10 月 3 日，全州集会在春田市开幕。成千上万的市民们蜂拥前来，男人们带着他们最得意的猪马牛或最好的玉蜀黍；女人们捧着她们自制的果酱、松饼和蜜饯。但是这些展览，都因另一件引人注目的事件而被遗忘。几周以来到处公布，道格拉斯要在集会开幕的当天演讲，而国内各地政治领袖都将齐聚此地听讲。

当天下午他演讲了 3 个钟头，把自己的记录详加说明，为自己辩护并且攻击别人。他矢口否认“立法制定某些地域可以蓄奴，某些地域不可以蓄奴”等事，认为应该由各地的群众来决定这个问题。

“当然，”他喊道，“如果堪萨斯和内布拉斯加的人民有办法自治，他们也必定能管制少数的黑奴。”

林肯坐在前排，详细听取每个字，并斟酌每一个议论。道格拉斯讲完时，林肯立即宣布：“我明天要剥了他的皮挂在篱笆上！”

翌晨，全镇到处散发传单，宣称林肯将答辩。群众兴趣极为浓厚，两点钟之前，讲堂里已坐满了人。不一会儿，道格拉斯来了，坐在台上。他照例是衣冠整齐，修饰雅洁。

玛丽也早已在座。那天早晨未出门之前，她很卖力地刷洗林肯的外衣，替他取了一件洁白的硬领，又替他把新领带烫平。她期望他的仪表对他有利。但那天天气很热，林肯知道讲堂里空气一定很闷。于是他大步上台，未穿西装、未套背心、未带硬领又未打领结。长而瘦的颈子在衬衫中耸立，衬衫则松松地罩着他那瘦削的身材。头发凌乱、皮鞋粗陋、一条吊带系住短而不合身的裤子。

玛丽一看到他，满脸涨红，又气又窘，失望之余，她真想大哭一场。

当时没有人会想到，但现在我们已知道，这位风采不扬而且为其妻子所诟病的人，在那 10 月炎热的下午，已开创了他辉煌事业的生机，且将使他在未来的历史上名垂千古……

那天下午，他发表了一次有生以来最伟大的演说。如果把他从前的演说收集成册，又将那天下午以后他所有的演说再集结成册，你几乎不能相信二者竟是出自于一人之手。那竟是一位崭新的林肯在讲话——为了受压迫的种族而请命的林肯，更是被道义的伟大感召而一心向上的林肯！

他将蓄奴的历史简单陈述一番，并举出 5 点激昂愤慨的理由反对这种制度。他以超然的容忍态度宣布：

“当南方人民向我们声明，奴隶制度的存在是不该他们负责的，我也承认这个事实。若说这制度还存在，他们实在不知该如何去废除它，我能够明了也赞同这种说法，我绝不因为他们不做一件甚至我本身都不知如何去做的事，而对他们加以责难。即使我有这种权力，我还是不知道该如何处理这现存的制度呢！”

经历了3个多小时，他的脸上汗流如雨，他仍旧继续答复道格拉斯，不但暴露这位参议员的诡辩，同时又揭穿了其虚伪的立场。

那是一场极其深刻的演说，使人留下深刻的印象，道格拉斯为之坐立不安，不时地站起来，打断林肯的话题。

距离选举为期不远，年轻的民主党员，已经开始反对党中提名的候选人，并攻击道格拉斯，当伊利诺伊州的选民正式投票时，道格拉斯的民主党竟被打倒了。

当年的参议员是由州议会选出来的，1855年2月8日伊利诺伊州议会，专为选举议员而在春田市开会。林肯夫人为了这件大事添置一套新的衣帽，而她的姐姐莉莉·爱德华夫人已在当晚准备了一席盛宴，庆贺庆贺林肯参议员呢！

第一次开票，林肯票数最多，只差6票即可获选。可是此后几次他一蹶不振，第10次开票时，他完全失败，李曼·杜伦巴尔当选。

李曼·杜伦巴尔的太太是茱利亚，曾于玛丽·林肯的婚礼上做女傧相，是林肯夫人最亲密的女友。那天下午玛丽和茱利亚两人同坐在众议会的阳台上，等待选举的结果。然而茱利亚的丈夫被宣布当选时，林肯夫人就一怒而去，深恨又极嫉妒，就从那天起，再也不和茱利亚说话了。

垂头丧气的林肯，只得重返那破旧的律师事务所，墙上依旧有着墨水印，种子也在书架上的尘埃里发芽。

一星期后，他又驾着马车，驰过一望无人的草原，由这一法庭赶到另一法庭。但他的心再也不向往法律了，除了政治和奴隶制度外，他不愿再谈别的事。他说，想起有几百万人沦为奴隶，就令他心痛。于是他忧郁症又时常阵阵发作，比以前更久更严重了。

有一个晚上，他和另一位律师在一家乡间旅馆共榻。他的同伴在黎明醒来，发现林肯穿着睡衣坐在床沿沉思着，闷闷不乐、心不在焉地发呆。等他开口时，第一句话便是："我告诉你，一个国家无法长久容忍一半自由，一半奴隶的状态。"

不久后，春田市有位黑人妇女来对林肯诉说一件惨事。她的儿子到圣路易去，在密西西比河的汽船上做事，当他到新奥尔良时却被捕下狱。他出生时原是自由人身份，但没证件，于是他一直被囚在监狱里。现在他将被卖，沦为奴隶，以便支付出监狱中的费用。

林肯向伊利诺伊州州长提出这件案子。州长答复，他无权干涉这件事，路易斯安那州的州长在复信给他时，也说他无能为力，于是林肯就再去见伊利诺伊州的州长，促请他采取行动，州长却摇头。

林肯用极重的语气嚷道："上帝为证，州长，您或许在法律上无权力释放这个可怜的男子，可是我决意要使那些蓄奴的人，无法在这个国家的领土上立足。"

翌年，林肯已 46 岁，他私下曾对朋友惠特尼表示，他"似乎需要"眼镜了。于是他在一家眼镜店，花了 3 角 7 分半钱买了他生平第一副眼镜。

14、

现在已是1858年的夏天，我们即将看亚伯拉罕·林肯毕生初次大显身手。看着他从默默无闻的人，挺身奋起，参加美国有史以来最著名的一次政治斗争。

如今他已49岁了——多年奋斗他到底有了什么成就呢？

在事业上，他一直失败，绝无成就可言。

做律师方面，他还算胜利成功，一年还有3000元收入，但在政治上及他心中最珍贵的抱负来讲，都尝尽挫折和失败。

“我啊！”他自己也承认过，“在雄心大志、事业竞争上算是失败了，彻底的失败了。”

但从此事情的演变急转而下，再过7年后他就去世了，然而在这7年中，他建立了一番令他“名垂千古”的事业。

这场竞争的对手，便是史蒂文森·道格拉斯。他现在是群众的偶像，举世闻名。自从“密苏里妥协”废除后，转眼4年，道格拉斯以其惊人的速度恢复了声望，因为他经过了一场壮观而戏剧化的政治斗争。其经过约略如下：

堪萨斯州来叩联邦的门，想以蓄奴州的身份加入。道格拉斯说：“不行！”因为订宪法的州议会不是真的州议会，其议员是靠着诡计和枪杆被选出的。堪萨斯州的居民——有投票权的人——有一半都未曾登记过，因此不能投票。然而有5000个拥护奴隶制度的居民，也是在密苏里西部绝对无权在堪萨斯州投票的民主党党员，到美国的一家兵工厂，准备武器，在选举日，居然摇旗呐喊，又有乐队吹奏，进入堪萨斯州——投票赞成奴隶制度。那简直是开玩笑，是对正义的一种讽刺。

那些禁奴州的人又怎么办呢？他们立即准备行动。长枪擦亮、短枪加油，树身、仓门钥匙孔，随时随地练习射击和瞄准。他们时常行军、操练和饮酒、挖掘壕沟、筑起城墙，并且把旅馆改为碉堡。如果他们不能用投票来维持正义，就用枪弹来赢取啊！

在北方的每个市镇和乡村里，职业演说家向市民们高声疾呼，脱下帽子，募捐为堪萨斯州购买武器。亨利·华特·毕其尔，就在布鲁克林区的教堂讲坛上顿足呼吁，认为枪杆较《圣经》更能拯救堪萨斯州。从此，沙普斯牌步枪就被称为“毕奇尔的圣经”。由东部运来时，箱子或木桶上的签条就写着“圣经”、“陶器”或“修正的法令”。

已有5个禁奴州的居民被谋杀之后，有一个年老的牧羊者，笃信宗教，以种植葡萄和酿酒为副业，他在堪萨斯州的平原上挺身而出，并宣称："我没有别的选择，上帝的旨意，要我给这些拥护奴隶制度的人们一点颜色看。"

他的名字是约翰·布朗，住在奥沙华托密。

5月的一天晚上他翻开《圣经》，对家人宣读戴维王的诗篇。全家跪下祷告，唱几首赞美诗后，他和4个儿子以及一个女婿就骑着马，驰过大平原，来到一家赞成蓄奴的人的木屋里，把那个人和他的两个儿子从床上拖下来，砍掉他们的手臂，又用一把斧头把他们的脑袋劈开。天明之前下了一阵雨，雨水将一些脑髓冲了出来。

从此，南北两方互相残杀枪击，"流血的堪萨斯"就成为历史上的名词。

道格拉斯当然知道，在欺诈和叛逆的气氛中，由一个伪造的州议会所拟订的法律，是不值一顾的。于是道格拉斯就要求，堪萨斯的人民必须举行一次诚实而和平的投票，以便决定该州应以蓄奴州或禁奴州的身份加入联邦。

他的要求完全是合理而公平的，但是当时的美国总统詹姆斯·布坎南，和华盛顿那些傲慢而拥护蓄奴的政治家，却不容许这一类的举动。

为此，布坎南和道格拉斯闹翻了。

总统威胁要使道格拉斯在政治上翻个跟头，而道格拉斯也反唇相讥地辩驳："老天在上，先生，是我一手造就了詹姆斯·布坎南的；然而，我也能一手毁掉他。"道格拉斯说这句话，不只是威胁，真的说到做到。在那一时期，奴隶制度在政治方面的势力和气焰已达到极点。从此以后，其势力急速地走下坡。

紧接着那场斗争是结束的开始，因为在这政治战中，道格拉斯使自己的政党分裂了，成为1860年民主党不幸事件的先声，也造成林肯的当选不但是可能的，亦是不可避免的了。

道格拉斯用他未来的生涯，孤注一掷在这场斗争上，他自己以及北方全体人民深信，这场斗争是为了一个伟大的主义而非自私的。因此伊利诺伊州爱戴他，如今他再返回本州岛，已是全国最受敬爱、最被崇拜的人了。

以前，在1854年他进城时，芝加哥曾经嘲骂他，降半旗打丧钟。如今，依旧是芝加哥，却派了一部专车，载着乐队和招待委员会去护卫他返家，当他进城时，迪尔朋公园鸣炮150响表示欢迎，男人们个个抢着要和他握手，妇女们把花扔在他脚前。人们给第一个孩子命名时，选用他的名字以作纪念。如果说那些最崇拜他的人，愿为他上断头台，也不算言过其实。

他死后40年，人们还得意地说，他们是“道格拉斯的民主党”。

道格拉斯荣归芝加哥之后的几个月，伊利诺伊州人又计划要选举参议员了，当然民主党一定提名道格拉斯。那共和党要推举谁和他竞选呢？是一个名不见经传的人——林肯。

在以后竞选活动中，林肯和道格拉斯一连串的激烈辩论，这些辩论竟使林肯出了名。他们争论的主题充满了火药味，群众兴奋的程度近乎狂热。美国有史以来从未有过这么多听众踊跃听讲，任何场所也容纳不了这么多人，所以辩论会总安排在下午。在丛林里或草原上，记者跟着他们跑，报纸竞相刊载这些轰动一时的争辩，不久全国都成了他们的听众。

这些辩论等于是为他作宣传，为他铺好了路径。

在辩论会开始的几个月前，林肯已在准备。每逢思想、意见或词句略略形成，他就写在零碎的小纸上——信封的背后、报纸的边缘或纸袋上。他将这些东西存放于他的丝质高帽子里，随身带着。最后他把那些句子抄写在纸上，每写一句就高声朗诵，不断修饰重写，精益求精。

第一次演讲的稿子拟好以后，他邀请几位熟识的朋友，晚上在州图书馆聚集。他当场锁上门，念着他的演讲词，每次念完一段，就停顿一下，请大家指教批评。这篇稿子里有一些预言的字句，至今仍成为至理名言：

内部分裂而敌对的家庭，必不能持久。

我相信政府不能长久容忍一半蓄奴，一半自由的状态。

我不希望联邦土崩瓦解——我不希望家庭毁灭——我的确希望它停止分裂。

全国应该完全一致——蓄奴或自由。

念完后，他的朋友们为之惊骇。全文太激烈了，他们说：“那是一篇傻话。”这样会使投票者起反感。

最后，林肯慢慢站起来，将他对本论题所显露的强烈意识向他们加以说明，并在会议结束时宣称道："内部分裂而敌对的家庭，必不能持久。"这番话是人生一切经验的真理。

"六千年来，这一直是真理。"林肯说道，"我用人人皆知的辞藻，以简洁的文字表白，来唤醒人们对时代危机的警觉性。现在已到了该发表这真理的时机，我决意不改变、也不修改我的主张。若必要，我愿意与它同归于尽。如果命中注定我将因这篇演说而失败，那么就让我为真理而失败吧！让我因拥护正义和公理而死去吧！"

第一次辩论会是在8月21日，在芝加哥75英里外的渥太华的一个小镇上举行。群众在前一晚即已赶来。不久，旅馆、民房或马厩完全客满；而在山谷1英里上下，山麓、崖边营火辉煌，致使该镇像是被一支军队围住一般。

天未亮，又来了另一批人马；等旭日升上伊利诺伊的大草原时，只见各条乡村小路上，拥挤着轻马车和运货马车、徒步者以及骑马的男女。天气热，几周以来一直闹干旱，沙土飞扬，飘入玉蜀黍田和草原中。

到中午，从芝加哥来了一部拖有17节车厢的专车，座位爆满，通道拥挤，而心急的乘客们竟爬上车顶。40英里以内的市镇，都有乐队同行。打鼓、吹号，加上民兵队游行步伐声。江湖郎中表演蛇戏，顺便贩卖他们的止痛药。魔术家和漫画家在酒店门前献技。乞丐或妓女加紧拉客买卖。鞭炮声，把马匹吓得乱跑。

在几个镇里，声势赫赫的道格拉斯，驾着6匹白马的豪华马车越街而过。一阵欢呼，喝彩声不绝于耳。

林肯的支持者，为表示轻视这种铺张和夸饰，用一对白骡子，拖着一个老朽的饲草架，请他们的候选人坐上去驶过街道。后面还有一个饲草架，坐满了32个女郎，每个女郎身上带着一个州名，上面挂着极大的口号：

帝国之星，
移向西来。
女子拥护林肯，
犹如母亲拥护克雷。

演说者、委员们，及记者在密密麻麻的人群中挤了半个小时，才站上了讲台。

台上有个木板搭成的棚子，来遮蔽酷热的太阳。二十几个人爬上木棚，把它压坍了，木板纷纷掉落在道格拉斯的委员们身上。

两位演说者，凡事都截然有别。

道格拉斯身长5英尺4英寸；林肯则6英尺4英寸。

那高个子的声音尖锐低微，那矮个子的声音沉着响亮。

道格拉斯是温文尔雅；林肯是粗劣笨拙。

道格拉斯有一种使群众崇拜，令人心悦的风度。

林肯那多皱纹的黄色面孔上充满着忧郁，他的外表无一动人之处。

道格拉斯穿着恰如一个富有的南方地主，穿的是带绉边的衬衫，深蓝色的上衣，白裤子，戴着白色的宽边帽；林肯的外表却是丑陋怪异，他那粗陋的黑上衣的袖子已嫌太短，不成形的裤子也太短，丝质的高帽已破旧龌龊。

道格拉斯丝毫没有幽默感，但林肯恰好是擅长讲故事的人。

道格拉斯到处重复背诵那一篇演讲词。但林肯不断地仔细考虑他的题材，到后来他每次演说一篇新讲词，总比背一篇旧讲词来得容易。

道格拉斯爱好虚荣、喜欢夸耀。他坐的专车，挂满了旗帜。在火车后部更加挂一节装有一座铜炮的篷车。当接近市镇时，不时地鸣炮，好让当地人知道，有一位名人快到了。

林肯却深切痛恨这些他所谓“热闹马车和烟火”之类的东西，旅行时搭乘普通客运或货车，提着一个破旧的行李袋，和一把伞柄已失落的绿布雨伞。

道格拉斯是个机会主义者，用林肯的话来说，他“没有坚定的政治道德观念”，得胜就是他的目的。但林肯却在为伟大的主义而奋斗，只要正义和慈爱能胜利，个人的得失他并不在意。

“人家说我有野心。”他说，“上帝知道我最初就虔诚地祈祷过，希望这种野心的战争不要为我而开。对于政治上的荣誉我并非毫不关心。但是今天，如果‘密苏里妥协’再次生效，整个蓄奴问题恢复从前‘容忍’的立场。那么，我对于其蔓延必定视之如仇，绝不让步！只要道格拉斯与我都健在，原则上，我同意让他永远在朝，而我永远在野。”

“到底是道格拉斯还是我会当选美国联邦参议员，这事关系小之又小；但是，今天我们在对诸位所争论的问题，其重要性远胜于任何人的利益或政治命运。当道格拉斯和我木讷无能的口舌，永久进入坟墓静默后，那个争论依然存在，甚至仍能激起愤怒。”

在这些辩论中，道格拉斯主张，任何一州随时随地只要多数公民投票赞成，就有权蓄奴。不管他们投票赞成或反对，他著名的口号是：“各州自理州中事，休管他州兴与衰。”

林肯完全站在相反的立场。“道格拉斯法官认为蓄奴是合理的。”他解释道，“我认为那是错误的，整个争辩都在于这一点。”

“他主张任何一州，只要愿意蓄奴就有权利这么做。假使这不是一件错事，他们大可以这样做，但如果这是一件错事，他无法说人民有权利做错事呀！

“他丝毫不关心一州应当要蓄奴或自由，恰如他不关心他的邻居是在农庄上种植烟草，或是蓄养有角的牲口一样。而且大多数的人民和道格拉斯的意见相左：他们认为蓄奴制度是不道德的。”

道格拉斯奔走全州，频频宣传说，林肯赞成黑奴应有社交平等的权益。

“不，”林肯反驳道，“我只替黑奴呼吁一件事，如果你不喜欢他，你就任凭他去。如果上帝只给他一点点权利，就让他去享受那一点点权利吧。在好多方面他实在不及我；但享受‘生命，自由及追求快乐’的权利，把自己双手劳碌所赚来的面包放进自己口里的权利，他和我平等，也和道格拉斯法官平等，更和活着的每一个人平等。”

每次争辩，道格拉斯总是责难林肯，说他要白人“搂着黑人和他们结婚”。

每次，林肯不得不加以否认：“我反对这种二者选一的理论：我若说不要黑人为奴，便要娶她为妻子。我已活到50岁了，从不曾以黑人为奴，更没有娶黑人为妻。有足够的白人男子来娶所有的白人女子；也有足够的黑人男子来娶所有黑人女子；上帝在上，就让他们如此嫁娶吧。”

道格拉斯尽想规避或混淆那些论点，林肯说他的辩论如同“一只饿死的鸽子的阴影所煮成的汤”，他用似是而非及怪诞的字句来安排，来证明七叶树果（Horse-chestnut）为栗子色的马（Chestnut Horse）。

“我不由得感到愚蠢可笑！”林肯继续说，“因为，我必须回答一些根本不需要辩论的蠢话！”

道格拉斯所说的与事实不符，他自知那些是谎话，林肯也知道。

“假如一个人……”林肯答道，“站起来一再断言二加二不等于四，我知道这是没有办法的事。我不能把辩论弄成一个精神的衔枚，实实在在地塞住他的嘴。我不愿意称道格拉斯为说谎者，但是在我与他正面辩论之后，我就再也想不出别的名字来称呼他了。”

于是，争斗愈来愈激烈，一周接着一周地过去。林肯逐日继续着他的攻击，别人也加入争论中。李曼·杜伦巴尔称道格拉斯为说谎者，并声称他是“最为厚颜无耻”的人。菲特烈·道格拉斯，著名的黑人演说家，来到伊利诺伊而加入争辩中。布坎南的民主党员凶猛及恶意地非难道格拉斯·卡尔·叔慈，原籍德国的激烈改革家，在外籍投票者面前控诉他。共和党的报章使用头号标题称他为“伪造者”。自己的政党已告分裂，而自己本身更是四面楚歌，道格拉斯陷于苦战中。绝望之余，他打电话给他的朋友亚雪·林德：“地狱的看守者都在追逐我，看在上帝的份儿上，林德，快来帮助我对抗他们。”

电报收发员把这份电报稿卖了一份给共和党，许多报章都以头号标题刊登出来。道格拉斯的敌手拍手叫好，从那天起，这位电报接收人至死仍被称为“看在上帝份儿上的林德。”

选举之夜，林肯独自留在电报局，等着读回电。当他得知自己再次失败时，便返回家去。黑夜，风雨恼人，归途尽是崎岖泥泞。突然，一只脚因打滑而碰到另外一只脚，但他很快恢复平衡站立着。“那只是失足，”他说，“而不是摔倒。”

不久，他在一份伊利诺伊报纸上读到一篇有关于自己的社论。原文说：

亚伯拉罕·林肯实在是伊利诺伊中最有希望成功却又最不幸的一位政治家。在政治方面，凡是他所从事的研究，似乎命中注定总要失败。他在政治企图方面，所受打击之深，实可置一般人于死地。

那些曾经争先恐后要听他和道格拉斯辩论的广大群众，带给林肯鼓励与信心，他以为自己或许可以靠演说来赚一些钱；于是他准备了一篇讲词，题目为“发现与发明”，在布卢明顿租了一间演讲堂，雇了一位小姐在门口售票，但竟没有人来听他演讲，没有任何一个人！

于是，他又重返他那破旧的事务所，墨渍依然留在墙上，书架顶上还是有萌芽的种子。他也该回去了，因为他已6个月没事做了，未赚得一毛钱。现在家中已无现款，他连肉店和杂货店的账都付不出来。所以，他又重新驾着马车，驰过草原开始巡回旅行，那匹忠实的老白依旧伴随着他……

15.

当 1860 年春天，新组成的共和党在芝加哥开会，提名总统候选人时，很少有人料想到林肯会被提名。竞选不久前，他自己也曾写信给一位报社编辑：“老实说，我自认不适宜当总统的。”

1860 年，大家都认为，这项被提名的荣耀将会归属于纽约州，英俊的威廉·西华德。这是不可置疑的，因为在载着代表们开往芝加哥的火车上，他们曾经举行非正式的投票，西华德所得的票数，比其他参选人所得票数总和多一倍。在好些火车上，没有一票是投给林肯的，可能是有些代表们根本不知道林肯是谁。

大会于西华德 59 岁的生日当天召开，多么美妙啊！他确信自己会被提名为总统候选人，作为他的生日礼物。他因为太自信了，就对美国参议院的同事们一一话别，更在纽约州奥本城的家里，邀请亲戚朋友，举行一次盛大的庆祝宴会；并且租了一门礼炮置于前庭，装好炮弹，炮口朝天，准备随时对这城市报告好消息。

如果大会在星期四晚上便开始投票的话，礼炮也就会放成了，而且国家的历史必有大转变；可惜投票必须由印好的文件来记录结果。由于印刷厂的外务员将文件送去大会时，大概是在半路停下喝了几杯啤酒，反正他是迟到了。因此星期四晚上的大会，除了等待外便无事可做。

大厅里蚊子很多，既闷又热，代表们饥渴难耐；终于有人起来提议，要大会延后至翌晨 10 点钟再举行。休会延期的提议是合法的，它有提付表决的优先权，而且，总是受欢迎的。这个提案当然受到热烈支持而通过。

离大会再次召开还有 17 个小时，这时间并不长，都已足够使西华德的政治事业遭到毁灭，而造就林肯的成功。

最致力破坏工作的人物就是霍勒斯·格利列，一个相貌古怪的人。头圆如甜瓜，一头白发细洁如丝，领结时常歪斜到近左耳下方。格利列并不是支持林肯的，但是他心中充满怀恨，决心要和威廉·西华德及他的经理杜罗·韦特算算旧账。

主因是：14 年来，格利列和他们并肩作战，他帮助西华德当选了纽约州的州长，之后又当选美国参议员；他更竭力帮助韦特，使他得到并且保有全州最具势力的政治领袖地位。

那么，经过这几番奋斗，格利列又得到什么呢？除了被忽视便一无所成，他想做州立印刷所所长，却被韦特给占了位子。

他渴望被指派为纽约市的邮政局局长，但韦特却不肯提议推荐他。他希望做州长，或是副州长，韦特不但不帮忙，甚至拒绝的态度更伤害了他的自尊。最后他忍无可忍，便写了封痛心疾首的长信给西华德，信中每一字句都充满了深切怨恨。

那封充满怨恨的信，是在1854年11月11日星期六晚上写的……

而如今已是1860年了。格利列已足足等了六载漫长的岁月，一心要伺机报复，如今机会终于来了，他便要充分运用。在那重要的星期四晚上，在共和党提名大会休会的几小时里，他根本没有上床睡觉。从日落时分一直到翌晨，他忙着奔走于各代表团之间，陈述理由，既争辩又呼吁。他开办的报纸《纽约论坛报》，是北方群众都爱看的报纸，对于群众的影响力，是可想而知的。他原是名人，他出现时其他人说话的声音都会降低，代表们对他的意见，都很郑重地聆听。

他提出各种理由来反对西华德。他指出西华德不断公然地非难“共济会”的组织；说他于1830年曾利用反对“共济会”的票数而当选为州参议员，因此引起了群众严重、普遍而不可磨灭的反感。以后，做纽约州州长时，西华德曾赞同取消公立学校基金，主张为外国人及天主教徒另设学校，因此引起一些群众的不满。

格利列指出，那些一度曾组织过极有势力的“无知党”的人，都极力地反对西华德，他们宁可投票选一只猎犬也不愿选他。

这还不够，格利列指出，这个“狡猾的煽动者”一直太偏激了，他那“嗜杀的计划”和“还有什么比宪法更高的法律”之类的话，曾使得边境的几州群众大为恐慌，因此他们是不会拥护他的。

“我可以请那些州的州长候选人来，”格利列许诺说，“他们将证实我说的话。”他真的请他们来了，那使紧张的气氛愈加激烈！

紧握着拳头并瞪着双眼，宾州和印第安纳州的州长候选人都宣称：西华德被提名参选将会失去他们本州岛的选票，这实在是不可避免的不幸。

于是，突然之间，那拥护西华德的高潮开始消退了。林肯的朋友赶紧在代表团中大肆奔走，试图说服那些反对西华德的人们集中全力来提名林肯。他们说，道格拉斯必是民主党提名的候选人，而全国中没有人比林肯更有把握打败道格拉斯的，这是林肯的拿手好戏。此外，林肯是肯塔基州人，他定能获得那些举棋不定的边境几州的选票。再说，他正是西北方所需要的候选人——一个贫困出身的人，劈过木材，又耕种过田，是一个了解平民的候选人。

这类说法无法沟通时，他们便另换方式。他们说服印第安纳州的代表，保证卡莱布·史密斯入阁。他们再次赢取宾州的56票，允诺西门·凯麦隆一定在林肯内阁担任要职。

星期五早晨，举行投票。4万人赶到芝加哥，兴奋至极！1万人拥入大会厅，3万人却挤在街上，这些骚动的群众，挤满了好几条街。

第一次开票西华德领先。第二次开票，宾州投给了林肯52票，于是真正的竞争开始了。第三次开票，西华德可说是一败涂地。

在大会厅内，许多人因兴奋而陷入半疯狂状态，跳上座位，狂喊、大叫，互相用帽子乱打别人的头。屋顶上鸣放起礼炮，而街上的3万群众更是一齐欢呼！

人们彼此拥抱，乱蹦乱跳，又哭、又笑、又叫。

特里蒙大厦前的100支枪齐发，1000只钟齐鸣；再加上火车、轮船上，以及工厂里的汽笛声，整天鸣声不息。这一阵兴奋持续了24小时之久。

《芝加哥论坛报》宣称："自从耶利哥城墙倒塌以来，这世上还不曾如此喧嚣过。"就在如此狂欢中，霍勒斯·格利列眼看着昔日的"总统制造人"——杜罗·韦特一步步地走入失败中。终于，格利列完成了心愿——顺利报仇了。

同时，在春田市有何回响呢？那天早上林肯照常到他的律师事务所去，正埋首研究一个案子。却因心神不定无法集中思绪，他就撇开那些法律文件，走出去到一家店铺后面打了一会儿垒球，再打了一两盘撞球，最后才走去《春田日报》社打听消息。电报局就在楼上。他正坐在一张大安乐椅上，讨论第二次开票结果时，忽然间电报员飞奔下楼，嚷着说："林肯先生，你被提名了！你被提名了！"

林肯的下唇微微颤动，而脸上泛红，有几秒钟他停止了呼吸。

那是他毕生最为戏剧化的一刻。19 年来他备尝失败，如今忽然被捧上青云。

人们走在街上冲来冲去，传递消息，市长吩咐鸣放礼炮 100 响。

几十个老朋友将林肯团团围住，半哭半笑和他握手，并将帽子抛向空中，狂欢大叫。“对不起，诸位。”他要求，“第八街有位小妇人，一定更乐于听到这消息呢！”于是他匆忙奔回家去，衣服尾端飞扬着。

春田市的街头整夜点燃柏油木桶和木柴升的营火，酒店更整夜营业。

不久，半个美国的人们都在传唱着：

老亚伯拉罕·林肯来自荒地，
来自荒地，来自荒地；
老亚伯拉罕·林肯来自荒地，
是在伊利诺伊州。

16、

史蒂文森·道格拉斯对于使林肯进入白宫，比任何人出力更多，因为道格拉斯分裂了民主党，推荐 3 位候选人，而不是推选一个人来和林肯竞选。

对方既已分裂成不可收拾，林肯于竞选的初期便已了解他一定会获选；虽然如此，他还是担心在他自己的选区或家乡可能会失败。他们组织了一个委员会，事先挨家挨户调查，预测春田市的人们将如何投票，当林肯得知调查结果时，他不禁骇然！全城的 23 个牧师和教士，只有 3 个是支持他的，而且他们那些忠实的信徒也都反对林肯。

林肯沉痛地评述："他们假装相信《圣经》，自称是敬畏上帝的基督徒；但从他们的选票来看，明明表示他们不关心蓄奴制度是否该存在或废除。但我确信上帝关切这件事，人类更关切这件事，假使他们不关心这件事，他们必定误解了《圣经》

的本意。”

林肯的父族母族亲戚中，除了一个以外，全都反对他，这真是令人惊讶的发现！为什么呢？因为他们都是民主党员。

林肯获选，仅靠全国少数的选票。他的几位对手所得的票数，比他多三分之一。那只算是区域性的胜利，因为他所得的200万张选票中，只有2.4万张是南方人投选的。如果20票中有任何一票变动，则西北部的选票必定归属道格拉斯，同时选举是由众议院投票表决的，而南方便可获胜。

在南方9个州中，没有一人投选共和党的票。想想看，在阿拉巴马、阿肯色、佛罗里达、乔治亚、路易斯安纳、密西西比、北卡罗来纳、田纳西以及得克萨斯这几州，竟没有一人肯投林肯一张票，这是不祥之兆。

为了充分了解林肯当选后的情形，我们必须先检讨一下，那似同旋风转过北方的一种运动。30年来一直有群狂热的人们，为了要破除蓄奴制度而努力着。不断有讽刺性的小册和痛心疾首的书刊，由他们的印刷厂出版；受雇的演说者，走遍北方的每一个城市村落，同时展示那些奴隶所穿着的破烂肮脏的衣服、加于奴隶的锁链镣铐、染有血渍的皮鞭子和带着钉的枷锁以及其他刑具。逃出来的奴隶们也被迫参加运动，周游全国，述说种种暴行和亲身经历的惨事，以煽动人心。

1839年美国反奴会发行了一本小册子，名叫《美国蓄奴制度内幕——1000个证人的实录》。在这本小册子中，见证人述说他们亲眼目睹的实际虐待情形：奴隶被迫将手浸入滚水、用烧红的烙铁在他们身上打印、牙齿被打掉、被利刃刺伤、肉体被恶犬咬碎、被鞭打致死、被活活烧死。母亲哽咽着因亲生子女被活活夺去，在奴隶圈里或拍卖台上的生离死别。女奴们因不能生育而遭鞭打，高头大马的白种人，若与黑人女奴同居即可得到25元，因为肤色较白的孩子卖价较高，女孩则更值钱。

主张废除奴隶制度者，最爱引用也最动人心的控告，便是“混乱血统”。他们控诉，南方的男人们因喜爱“放浪淫荡”的生活而赞成蓄奴。

“南方，”温德尔·菲立浦大声疾呼，“是一所大妓院，那里有50万妇女被鞭打驱使去卖淫。”

许多纵欲的故事，现在不便重述，当时都在反蓄奴的小册里大肆宣传过。他们指责蓄奴者先奸污自己的混血女儿，再将她们卖给别人当情妇。

福斯特宣称，南方的美以美教会有5万名女教徒，遭鞭打且过着不道德的生活，又说这一区的美以美教会牧师赞成蓄奴，因为他们自己想要娶小妾！

林肯本人在与道格拉斯辩论时，宣称在1850年，美国共有45.5万名黑白混血儿，几乎都是黑奴和白种主人的后代。

因为当时宪法保障蓄奴者的权利，主张废奴者便骂它为“死亡契约及地狱的合同”。

在所有的反蓄奴书籍中，有一本是最精彩感人的，是一个贫穷不堪的神学教授的太太，在她的餐桌旁所写的《黑奴吁天录》。她边哭边写，用真挚奔放的情感述说她的故事，最后她说上帝是书的作者。这本书使许多蓄奴制度下的悲剧，生动真实地呈现出来，感动了千万名读者，畅销一时，影响之大竟超出以前任何小说。

当林肯被介绍给哈烈特·毕奇尔·史杜威（《黑奴吁天录》一书的作者）时，他称她为发起内战的小妇人。

那么北方的废奴制度者，为此所发起的好心而狂热的夸张运动，结果如何呢？

是否南方人承认了他们的错误呢？当然没有！其结果是可预料的。废奴制度所激起的愤恨，只能产生愤恨所得的效果：再次引起一些愤怒。南方打算和那些既无礼又多事的批评者分手。在政治或感情的气氛中，真理原不易生存，于是南北诸州间，从愤恨的错误，演变成了血腥的内战。

当那些“黑心的共和党”在1860年选举了林肯，南方人便坚决相信，蓄奴制度要倒霉了，他们必须在废奴与退出联邦权之间做一抉择。那么，何不退出呢？这不是他们的权利吗？

这个问题曾经激烈地讨论了半个世纪，各州曾在不同的时期，相继威胁要退出联邦权。例如：1812年战争时，新英格兰诸州严肃地讨论要另组国家；而康乃狄克的州议会，更对群众宣称“康乃狄克州是一个自由、自治独立的州”。

连林肯本人也曾一度主张退出联邦权。在一次国会演说中，他曾发表过这项主张：“任何人民在任何地方，只要愿意而且有能力，就有权利摆脱政府，而另行组织一个更适合他们的新政府。那是一项最有价值、最为神圣的权利——那种权利我们希望并相信可以解放世界。”

这是1848年的事。现在已是1860年，他已不再相信这种说法。但南方人依然相信它。林肯当选后6星期，南卡罗来纳州通过一条退出联邦的法令。查尔斯敦城为庆祝这条新的《独立宣言》，而有乐队演奏、点燃爆竹、又在街上跳舞，另有6个州紧接着效法。而在林肯要离开春田市，前往华盛顿的前两天，杰佛逊·戴维斯即被选为新立国的总统；这个新国家基于“一个伟大的真理……奴役是黑人自然和正常的状态。”

即将卸任的“布坎南政府”，不忠者有如树倒猢狲散般，政情一片混乱；所以林肯不得不呆坐在春田市，眼看着联邦分裂，国家濒临崩溃边缘。他看到南方联邦同盟买枪、筑营、练兵，于是他了解到他必会领导全国经历一场内战——血腥遍地的内战。

他痛苦万分，夜晚辗转失眠，因忧虑致使体重竟减少了40磅。

林肯原是很迷信的，他相信未来的事情能由梦境和征兆先行推测。1860年选举后当天下午，他一回家，就躺在一张马鬃沙发椅上，面对着一个五斗柜，上面有面活动的镜子。而当他朝镜子里望时，他看见自己的映像竟一身二面——一张极为苍白的脸，他大吃一惊地站起来，幻影便不见了。他再躺下，那幻影又出现，脸色更苍白。这件事令他很不安，于是他将这事告诉林肯夫人，她认为这是他二度被选为总统的预兆。但事实上，那张死白的脸却表示他无法活过第二任的期限。

林肯不久也相信，他将会在华盛顿死去。他收到无数的信件，上面画着绞刑台或短剑的图案；几乎每一封信都带给他死亡的威胁。

选举过后，林肯对一个朋友说："我真不知该如何处置我的房子，我不愿意将房子卖掉；但若是把它出租，等我回来时，房子一定破旧不堪了！"

他终于找到了一个人，他认为那个人会爱惜房子而加以整修。于是林肯以每年 90 元的租金租给他。而后在《春田日报》上登了广告：

家具出售：客厅卧室全套家具，地毯、沙发、椅子、衣橱、五斗柜、床架、火炉、瓷器、玻璃器皿等。请向第八街杰克逊街口本宅面洽。

邻居们都来看东西，有人要几张椅子和一个烧饭炉，还有人问床铺的价钱。

"你们要什么就拿什么吧！"林肯大概是这样回答，"你们认为值多少钱就付给我多少吧！"

当然，他们付的钱很少。

大西铁道公司的主任迪尔顿先生，买下大部分的家具；后来运往芝加哥，但 1871 年发生大火时全部焚毁。

有几件留存在春田市，多年后，有位书商买去，运往华盛顿，摆设在林肯过世的那栋房屋里。这栋房子位于福特戏院对街，现在是美国政府的产业——是国立的古迹及博物馆。

当初林肯的邻居只须花一元便可买到椅子，今日的价值，其可与同等重量的黄金和白金相同。凡是和林肯有密切关系的每一件物品，都有非常的价值与荣耀。布斯刺杀他时，他所坐的黑胡桃木摇椅，在 1929 年卖得 2500 元。他一封亲笔指派胡克尔少将为波多马克河区陆军总司令的信，最近拍卖得一万元。而当年作战时，他所发出的 485 封电报，目前归布朗大学所有，约值 25 万元。他的一篇未经署名不重要的演讲稿，最近更有人以 1.8 万元买去。而林肯亲笔的盖茨堡演讲稿，就值几十万元了。

1861 年春田市的人民，完全不了解林肯的才华，更不知道他将来的命运将令他不朽。

多年来，这位未来的伟大总统，几乎每天早上，手里挽着一个菜篮，围着围巾，来往于街道上，走进杂货店和肉店去，并将食物带回家。多年来，他每天黄昏必定走到郊外的牧场，将自己的牛由牛群里领出来，赶回家并替它们挤奶，为马刷毛，洗马棚，砍锯木材，运回家中准备生火烧饭用。

在动身前往华盛顿三个星期以前，林肯开始着手准备他第一次就任的演说。因需要清静和隔离的环境，他找到一家杂货店楼上的一间房间，将门锁起来埋头苦读。他自己藏书极少，但他的律师同伴，倒还有些书，所以，林肯要求赫登为他带一本宪法、安得烈·杰克逊反对州政府不执行联邦法令的宣言、亨利·克雷1850年的著名演说，以及韦伯斯特答海恩等书籍。如此，在肮脏却清静的环境中，林肯写下了著名的演说辞，结尾有一段对南方各州所发出的动人呼吁：

我真不愿意就此结束；我们原是朋友，而非仇敌。我们绝不会成为仇敌，虽是一时意气相争，仍不损害我们的感情。记忆是和谐的音调，牵动每一个战场及爱国志士的坟墓，更延伸到每个活泼的心灵及这片大地的每户人家，终有一天，人类的善性将会重弹这些谐音旧调，而所发的音调，必然是联邦的大合奏。

在离开伊利诺伊州之前，他走了70英里的路程，去与继母话别。他上前喊她“妈妈”，他一直这样称呼她。她抱着他不放，边哭泣边说道：“我不愿你去竞选总统，林肯，我更不愿见你当选。我的心告诉我，你将遭遇不测，而我将不能再见到你了。”

在春田市最后几天，他回忆起过去在新沙连和安妮相处在一起的日子，重新幻想那些不可能在他身上实现的美梦。动身前往华盛顿的前几天，有个新沙连的拓荒者，来到春田市和他话旧道别，一直和他谈起安妮。

“我深爱着她，”林肯承认“至今我仍想念着她。”

在他永别春田市的前夕，林肯最后一次去看那间破旧的律师事务所。

赫登告诉我们：

事务所整理完了之后，他走到房间对面，就躺在那张倚墙的沙发上，他躺了几分钟，面向天花板，我们两人都默默不语。不久他发问："毕利，我们同事多久了？"

"约16年吧！"我答道。

"这些年来我们从未争执过吧？"

我很激动地回答："从来没有。"

他又想起早年做律师的一些趣事，而且讲述许多在路上巡回出庭所碰见的滑稽故事……他带着收拾好的书籍和文件，便预备离去。但在离去前他却有个特别的要求，希望保留楼梯下方生锈的铰链上所悬挂的招牌。"让它挂着，不要去动，"他特别低着声音说道，"让我们的顾客知道，选举总统，并不影响林肯和赫登的事务。只要我活着，我还是会继续当律师，好像未曾发生过任何事一般。"

他徘徊了片刻，像是要把它刻入脑海中，然后走出门，踏出狭窄的走廊。我陪他下楼，一路上他提起总统办公室那种不舒服的气氛。"我已厌倦了当官办公。"他抱怨，"我一想到将来那些责任，便不寒而栗！"

当时林肯约有1万元的资产；但他缺乏现金，所以必须向朋友借钱，才能赶往华盛顿。

林肯全家在尊达利旅馆，度过他们在春田市的最后一周。

他们在出发前的一夜，已把行李箱都搬到旅馆大厅，林肯亲自加以捆绑。他又向旅馆职员要了几张旅馆牌子，在反面写着：“A·林肯，总统府，华盛顿。”贴在行李上。

第二天早晨7点半，破旧的大客车进入旅馆，林肯和家人上了车，颠簸着到华贝施车站，那里有一列专车等着，送他们去华盛顿。

那是一个阴雨天，但车站已挤满了大约1500名旧友邻居。他们排成一列，慢慢走过林肯身边，握着他那双大而露骨的手。终于铃响了，告诉他已是分别的时刻。他由前面踏板上了专车，一分钟后却在火车后的阳台上出现。

他原本不打算演说。他早已告诉新闻记者不必到火车站来，因为他没有话要说。然而，当他望着那些旧友邻居时，他觉得他非说几句话不可。

那天早晨他在丝丝细雨中所讲的话，虽不能和盖茨堡的演说辞，或是第二天的当选就职演说之伟大精神相比较，但这篇告别辞却可与戴维的诗篇相比，在林肯的演说中，这次是最富有个人的情感及动人的力量。

林肯一生中只有两次在演说时流泪，这便是其中的一次……

“我的朋友们：不处于我的心境，就没有人能够了解到我这一次别离的悲哀。本城以及本城居民对我的感情，我将永世不忘。我在此地住了25年，由一个青年变为一个老人。我的孩子都在此地出生,有一个更安葬在此。如今我将离去,不知何时,或甚至能否回来,因眼前的工作与责任,远比华盛顿所承当的更为艰巨。若没有上帝一直支持我,我绝不能成功。有上帝的帮忙,我绝不会失败。唯有他,能够与我同行,又与你们同在,且随时随地给人援助,让我们全心全意信奉他,一切将顺利成功!愿他保佑你们,也希望你们在祷告时请他保佑我,我在此向各位亲切而珍重地道别了。”

17.

当林肯动身赶往华盛顿就职时，美国特务人员和私家侦探，都发现了一项谋杀计划，准备趁他经过巴尔的摩时，暗杀他。林肯的朋友们大惊，便劝他放弃原来公布的路线，催促他利用夜里匿名溜进华盛顿。

这似乎显得太怯懦了，林肯知道那将会引起一场嘲笑和鄙视，他坚决反对。但是，经过他们好几个小时的哀求，他终于听从他信任的忠告者的意见，决定要秘密行动。

林肯夫人一听到计划的改变，便坚持要和他同行，当他们用严厉的口气告诉她，她必须随后搭乘火车，她便大怒，并大声地抱怨，以致几乎走漏了整个计划。

原来公告的是：2 月 22 日林肯会在宾州的哈利斯堡演说，并在那里留宿，然后第二天早上，前往巴尔的摩及华盛顿。

他按照预定计划在哈利斯堡演说，但是，他并未在那里留宿。在当晚6点钟，便偷溜出旅馆的后门，穿着一件极破旧的大衣，戴上一顶他从未戴过的软羊帽，他被护送上一辆没点灯的火车，几分钟后，一部专车将他送往费城。而且哈利斯堡的电报线路全部截断，使这项消息无法走漏到那些预谋者耳边去。

在费城，他们要等一小时，换火车。为避免人们识破，林肯和名侦探阿伦・宾克顿乘着一辆不点灯的马车，整街乱逛。

10点55分，扶着宾克顿的手臂，弯着身子以免因过高而引人注目，林肯由侧门走进车站。他的头向前弯，走到最后一节车厢的后部，宾克顿手下一位女助手已事先用一幅厚幕隔开来，是为她“生病的弟弟”所预备的。

林肯接到无数封恐吓信，声称绝不让他活着进入白宫。陆军总司令飞特・史考特，生怕林肯会在宣誓就职时被射杀——还有千万人也同样担心着。

许多华盛顿的人们都不敢参加这个就职典礼。

于是，史考特老将军派了64名士兵，环绕在林肯宣读就职辞的国会议事厅东廊的讲台下面；又派兵在总统的背后严密守着，总统前的听众，也被士兵所环绕着。礼毕，新总统上了车，驶过宾州大道，沿街的房屋都有绿衣的枪手暗中保护着，一路还有露着光亮刺刀的步兵排列护送。

当他到达白宫，不曾受到任何伤害，许多人为之惊讶。

也有许多人感到失望。

在1861年的前几年，国家在经济不景气之下挣扎着。人民生活非常困苦，以致政府不得不派兵前往纽约市，防备饥饿的群众抢劫国家支库。

林肯当选后，更有无数憔悴又走投无路的人到处找工作，他们知道共和党这回初次上台，一定会把民主党的官员全部撤职，连一星期赚10元的办事员也不例外。

无数求职者正在争取每一份工作。林肯进入白宫还不到两个小时，就被他们所包围。他们冲过走廊，挤满通道，将东厅占满，连私人的客厅也不例外。

乞丐也来向他乞讨一顿饭钱，还有人要求林肯给他一条旧裤子穿。

有个寡妇更替一个男人来求职，那男子答应她，她若能替他找一份足以养家的工作，便娶她为妻。

许多人来求他签名。有一个开宿舍的爱尔兰妇人，要求林肯帮她向一个政府小职员收房租。

只要有一名官员罹患重病，就有成打的求职者拥到林肯跟前，要求“若他死去的话”，能接任其职位。

每个人都带了许多证件，但林肯连十分之一也来不及看。有一天，有两个求职者都要求同一差事，就将一堆介绍信塞给他，他为了省事起见，将两人的文件称了一称，就指定那名文件较重者。

还有许多人时常来求见林肯，要谋差事，若是被拒绝，便咒骂他。有一名妇人来替她丈夫谋求差事，并坦承他因酒醉而无法亲自来。

如此卑鄙自私，如此贪得无厌，令林肯为之骇然！他们趁他去用餐时拦住他。当他驾车在街上时，他们就拦住马车，拿出他们的文件，要求谋职。甚至在林肯做了一年总统，国家内战已有数十个月后，这些群众还是骚扰着他。

“他们有完没完呀！”他感叹道。

这些求职者疯狂似的骚扰，曾使泰勒总统上任一年就去世，也曾使哈利生总统在上任四星期内便死去。而林肯不但要忍受这些谋职者，同时还要主持战争。终于，他那钢铁一般的身体，也在重大压力之下支持不住病倒了。他罹患了天花后说：“叫那些求职者都来吧！现在我有一样东西，可以给他们所有的人。”

林肯进入白宫尚不到24小时，便面临一个严重而紧要的问题。在南卡罗来纳州查尔斯敦城里，索姆特炮台的卫戍部队将要绝粮了，总统必须立刻决定，到底是要送粮接济守兵或让炮台向南方联盟投降。

他的陆军顾问都劝道：“万万不可送粮，一送粮，便等于开火一样。”

他的7位内阁人员当中，有6位都如此说。但是林肯晓得，一放弃索姆特炮台事实上便等于承认并鼓励脱离联邦，结果是南北分裂。

在他的就职演说辞里，他曾宣布他已“铭记于天”，并立下严肃的誓言，一定要“维持、保护并防卫”整个联邦，他决意要实践这项誓言。

于是，他下令后，“宝哈坦”号军舰便载着盐肉、豆类和面包，开往索姆特炮台，没有枪炮、没有增兵、没有军火。

当杰佛逊·戴维斯得知这项消息，便电告包利格将军，在必要时可以袭击索姆特炮台。

负责守卫该炮台的安德生少将，带信给包利格将军，只要再等4天，守军将因饥饿而被迫投降，因为他们现在只剩下一点东西，快要绝粮了。

为何包利格将军不等呢？

也许是因为有一些军事顾问认为“除非血溅人民的脸上”，否则仍有可能重返联邦。射杀几名“北佬”，将可唤起群众的热情并促使南方联盟更团结。

因此，包利格将军便下达了悲惨的命令，在4月12日清晨4点半，一颗炮弹呼啸越空而过，在靠近炮台墙垣的海面坠下。

于是，炮击持续了34小时之久。

南方联盟把这场战争当作宴会。勇敢的青年人，身穿新制服，兴致冲冲地朝他们开炮，一些时髦的小姐太太们，一边在码头与炮台之间散步，一边高声喝彩。

星期日下午，联邦军队交出炮台和4桶盐肉，正式投降；并且一面扬着星条旗，一面唱着“北佬歌”，他们一路向纽约扬长而去。

查尔斯敦全城狂欢了一星期，在教堂中热烈歌诵赞美诗；群众满街游行、饮酒、唱歌，宴会充斥于各酒店之间。

以生命损失而言，索姆特炮台的轰击是无所谓的，双方均无死伤。但因它而引发起一连串的事件来看，却又是极重要的一场战役。这就是当时自美国开国以来，最残酷之内战的开端。

18.

林肯下令动员 7.5 万名男丁，促使全国激起一阵爱国的狂热。成千的大厅和公共场所上召开民众会议；军乐演奏，国旗飘扬，演说者大声疾呼，爆竹声处处可闻；而男丁们，放下锄头和笔杆，直奔国旗下。

在十星期内，就有 10.9 万名新兵在操练步伐并唱着："约翰·布朗为国捐躯，尸骨虽朽，精神永存。"

可是谁能领导这批军队打胜仗？当时军队中公认的军事天才——也是唯一的就是罗伯特·李，他是南方人。尽管如此，林肯还是请他统领北方联军。假若罗伯特接受了，则整个南北战争史，必然和现在所记录的大不相同。他一度曾考虑正式接受，他详加考虑，研读《圣经》，跪下祷告以求公平做决定，整夜不眠地在卧房里踱来踱去，希望能找到一个正确的答案。

他有许多看法和林肯相同，他恨奴役，正如林肯恨奴役一般，在多年前他就释放了自己的黑奴。他爱护联邦和林肯一样，他相信联邦是“永恒的”，而退出联邦只是一种“革命”，大祸将会因此而降临到国家与国民身上。

但是，问题就在此，他是维吉尼亚人，高傲的维吉尼亚人，视州比国家还重要的维吉尼亚人啊！二百年来，他的祖先一直是政界的要人，先在殖民地时期，后在国家成立之时。他的父亲，乃是鼎鼎大名的“轻骑哈利李”，曾帮助华盛顿驱逐英皇乔治的红衣卫队；随后，他做过维吉尼亚州的州长；他也教他的儿子罗伯特，要爱本州胜于爱国家。

所以，当维吉尼亚州归向南方时，罗伯特心平气和地宣布：“我不能率领一支敌对的军队，与我的亲戚、子女及我的家庭作战，我要回去和我的乡里同甘共苦。”——这项决定就把南北战争延长了两三年。

如此，林肯还能请谁来带领军队啊？当时陆军统帅文・史考特将军，已经老迈。1812 年他曾经在蓝地巷打过胜仗，但现在已是 1861 年了。49 年之后，他已身心疲乏，年轻时的冲劲和勇气早已消退了。

而且，他又罹患了脊椎骨毛病。“三年来，”他写道，“我不能骑马，只要略略步行，就感到很痛苦。”此外，他现在又罹患了别的疾病——浮肿和头晕。

这样一个人，林肯还不得不请他领导全国作战；一个体弱多病的军人，早就该住进病院，由护士看护，用特别的病床。

在 4 月间，林肯动员了 7.5 万名男丁，入伍 3 个月。他们的征召将于7月期满，于是，在6月下旬，便有人大声疾呼要求行动！行动！行动！

霍勒斯·格利列每日在《论坛报》的社论栏，用头号标题刊出“国家作战的呼声”、“冲向李奇蒙去！”（李奇蒙系南方的首都）

工商业不景气、银行不敢放款，甚至政府借款也需付出一角二分的利息，人们惶恐不安！“看吧！”他们说道，“不必再鬼混了！让我们来个迎头痛击，生擒罗伯特的军队，把这紊乱、恶劣的情势彻底解决吧！”

这些话很动听，大家都很同意。

人人都赞成，然而军事当局则不以为然，他们知道军队准备不够充分。但是总统不堪群众的喧嚣，终于下令出征。

于是，在一个极热的7月天，麦克威尔带领着3万“大军”，浩浩荡荡地去攻打在维吉尼亚的一条小河上布尔渊的南方联盟军。以前从未有任何一位美国将军带领过如此众多的人马。

那是怎样的一支军队啊！生疏、训练不完全，有几个团是在7天前才到齐的，更不知什么是纪律。

“用尽我全部的力量，”指挥一个团的雪曼说，“我仍无法阻止士兵离队去找水喝、争着采食野草莓或沿路上他们看见而想得到的东西。”

当时法国轻步兵，无论是由法国人或阿尔及利亚人组成的，都被肯定是最会作战的勇士。许多士兵只想穿和他们一样的制服，模仿他们的举止。因此，那天出发去布尔渊的军队，上万的人都戴着大红头巾，穿着大红的大脚裤。他们不像赶赴沙场的人，倒活像演喜剧的戏班子。几位戴着丝质帽的国会议员，带着太太和爱犬，携着成篮的三明治和美酒，驾车去看打仗。

终于在 7 月下旬，酷热的一天，上午 10 点钟，南北战争真正开火了。

事情经过如何？

那些毫无作战经验的军队，一看到炮弹穿过树梢，一听见人们喊叫，又看见他们向前仆倒，口吐鲜血，看到这种种情景，宾州团及纽约炮兵中队，忽然忆起他们入伍 3 个月的期限已满，他们便坚持要退出军队。立刻！并尽速！麦克威尔还说："他们听到敌人的炮声，便立刻向后逃跑。"

其余的军队却出乎意料地打得很好，直到下午 4 点半，南方联盟突然添了 2300 名生力军，席卷整个沙场，使士气大振。

一时传说："约翰斯顿的部队来了"。

北军大为恐慌。2.5 万名士兵，不听指挥，因极度恐惧而从战场逃跑。麦克威尔和许多军官拼命想要安抚骚动，却完全失败。

南方联盟军的炮兵连忙轰击道路，路上已挤满着逃兵、辎重车和救护车，还有那些头戴丝质帽观战的国会议员们的马车。妇女们相继尖叫而晕倒；男人们大声喧嚷、咒骂，彼此践踏。一辆运货马车翻倒在桥上，交通为之阻塞。那些受惊吓狂跃的马，都从货车、救护车以及军车上脱离缰绳；那些头戴红巾身穿红裤受惊吓的人们，跳上马背飞奔而去，沙土中还留着蹄印，马具便拖在后面。

他们以为南方联盟的骑兵随后追来，单是“骑兵啊！骑兵啊！”的呼声已使他们魂飞胆丧！

大混战吓坏了一群乌合之众。

美国历史上的所有战役中从未见过这种景象。

惊慌失神的人们，扔掉他们的枪支、外衣、军帽、腰带和刺刀，似乎是被一种无名的恐惧所驱使而逃。有些人因筋疲力尽而倒在路上，被路过的马车压死。

那天是星期日，林肯坐在教堂中，仍可听见20英里之外的阵阵炮轰声。礼拜完后，他直奔国防部去阅读从各战区发来的电报。情报虽然片段不全，林肯还是很想和史考特将军讨论一下。于是他连忙赶到老将军的寓所，只见他正在酣睡着。

史考特将军醒来，打个呵欠，揉着睡眼。可是他太虚弱，无人搀扶便爬不起来。因此，他装置了绳索和扶手，附有滑轮，吊在天花板上。抓住了扶手，他将庞大的身体坐直，然后再把双脚从床上放到地板上。

“我不知道。”他说道，“有多少人在战场？在何处作战？有多少军火？装备如何？他们的战斗力如何？没有人来向我报告，所以我一无所知。”

他还真是联军的最高统帅啊！

这位老将军随手看了几封战地拍来的电报，就告诉林肯不必担心，并开始抱怨背痛，便再次躺下睡着了。

到了半夜，这些败兵在混乱中，开始蹒跚地渡过长桥，过了波多马克河，走入华盛顿。街道上赶紧摆起桌位来，不知从哪里忽然运来了几车的面包，一些时髦的小姐太太们，站在热腾腾的大锅汤和咖啡旁，分配食物。

麦克威尔筋疲力尽，竟在赶写一份通讯电报时，在一棵树下睡着了，铅笔还握在手中，电报却尚未写完。他的士兵们也疲惫不堪而顾不得一切，随地倒在街道上酣睡，在倾盆大雨中，睡得如死人一般，有的士兵手里还紧握着枪呢！

林肯一夜坐着，甚至到天明仍未入睡，只是听新闻记者和市民们，叙述他们目睹混战的情形。

许多人听了之后大为恐慌，霍勒斯·格利列主张在任何条件下停战。

他很清楚，打败南方是绝不可能的。伦敦的银行家一致认为联邦一定会失败，所以他们派驻华盛顿的代表在星期日下午赶到财政部，要求美国政府立即拿出抵押品，作为他们 4 万元贷款的保证。

他请他们于星期一再来，美国政府应该还是在老地方办公。

失败和打击对林肯而言是不足为奇了，他的毕生都遭受这类的命运，所以他并不气馁；他仍然坚信他的主张必能获得最后的胜利，他的信心并未动摇。他走在垂头丧气的士兵中和他们一一握手，不停地说：“上帝祝福你！上帝祝福你！”他安慰他们，坐下来和他们一同吃饭，恢复了他们的精神，并和他们谈起光明的未来。

战争一时是不会结束的，他现在已看出了这一点，所以他请求国会再次征召 40 万人。国会为他招募了 10 万人，并决议另有 50 万人要服役 3 年。

但是谁能统领他们呢？是那位不能行走、没有扶手和滑轮就不能起床、在作战期间午睡的老史考特吗？绝不是！他是非淘汰不可了。

有一位极得人缘，却叫人大失所望的将军，不久便要一显身手了。

林肯的困难还未解决，这只是刚开始而已……

第三部

南北战争

19.

战争开始的头几个星期中，有一位年轻英俊的将军，名叫马克廉，带着20尊炮和一架活动印刷机，冲进西维吉尼亚，打败了南方联军。他的几个战役并没什么了不起——仅是小接触而已。然而那是南北开战以来北方初次的胜利，所以显得很重要。马克廉注意到这点，就利用活动印刷机，发出十几次夸张而戏剧化的捷报，将他的胜利告知全国。

若是几年后，他那滑稽的举动必为人们所讪笑；但当时战争才开始，人民恐慌而期望着有人能领导他们，于是人们就以这位军官对自己的评价来评估他。国会决议要向他道谢，人民称他为“年轻的拿破仑”，而且在布尔渊战败后，林肯邀请他来华盛顿，带领波多马克河区的军队。

他是个天生的领导人物，他的军队若见他骑着白马疾驰而来，便高呼喝彩。而且，他工作极卖力认真，他接管了布尔渊的败军，加以操练，重振他们的信心，在这些事上无人胜过他。到了10月，他已领有西部最强大且训练最佳的一支军队。他的部队不但接受了作战的训练，而且个个都盼望能好好表现一番。

所有士兵全都主张采取行动——马克廉是唯一的例外，林肯再三催促他行动，但他仍不肯。他时常举行阅兵，告诉人们他将如何行动，但结果只是空谈。

他拖延、耽搁，举出种种的说辞，就是不肯行动。

有一度，他说他无法前进，因为军队需要休息。林肯问他，到底军队干了什么事会如此疲惫呢？

还有一次，在安地潭战役以后，有一件妙事发生了。马克廉手下人马比罗伯特·李多很多，李被击败了。假若马克廉继续追击他，李可能早已被擒，南北战争就从此结束。林肯一连几个星期催促他追击李——用书信、用电报、请专人送信。终于，马克廉说他无法行动，因为他的军队马疲人困。

如果你游历新沙连，你可望见一片低地，离林肯当年服务的杂货店约一箭之远。克拉利丛林少年帮，常在那边斗鸡为戏，请林肯当裁判。巴布·麦纳布一直在吹牛，说他有一只雄鸡可以打败桑嘉孟郡的任何对手。但等到真正把它放入斗鸡场时，它夹着尾巴不肯斗。麦纳布气极，抓起它向空中一扔，那只雄鸡便落在附近一堆木柴上，然后昂头伸颈，得意地啼叫。

“是呀，你该死！”麦纳布骂道，“你如果做时装表演一定很出色，但真打斗起来，却一文不值。”

林肯说，马克廉使他想起巴布·麦纳布的雄鸡。

有一次在半岛战役时，马格鲁德将军以5000人，抵挡马克廉的10万士兵。马克廉不敢进攻，筑起城墙，不停向林肯要求增兵、增兵、再增兵！

“如果用魔术，”林肯说道，“我能为马克廉增援10万士兵，他必定欣喜若狂地谢谢我，然后说明天再打罗伯特，而明天呢？他又会打电报说他得到情报，敌人有40万兵，若不增援，他就无法进攻。”

“若是马克廉有100万兵，”国防部长史坦登说，“他一定发誓说敌方有200万兵，然后坐在泥土上，大喊要300万士兵才够。”

这位“年轻的拿破仑”一举成名，竟然昏头昏脑，自负不凡，他称林肯及其内阁为“猎犬”、“可怜虫”、“几只我生平所见最笨的鹅”。

他公然地对林肯无礼。当这位总统来看他时，马克廉让他在会客室里等候半小时之久。有一次这位将军在夜晚11点回家，佣人告诉他，林肯已经等他好几个钟头了。他经过总统所等候的房间门口，毫不理睬，直接上楼，却叫佣人传话，说他已经就寝了。

夏天转眼过去，秋天已来；秋季转为冬季，春天即将来临；然而马克廉还是没有行动，只有操练士兵、举行阅兵和说大话。

全国为之哗然，而林肯更因马克廉不采取行动，饱受各方的抨击和责难。

“你的拖延会毁灭我们。”林肯叫道，一面正式下命令要他进攻。

马克廉若再不行动便须引咎辞职，于是他连忙赶往哈泼渡口，下令他的部队立刻进攻。他计划从这个据点来攻打维吉尼亚，由奇沙比克和俄亥俄运河将船只行驶过来，停靠波多马克河，以利军队渡河。但是在最后一刻，整个计划只得放弃，因为船只比运河的闸门宽了 6 英寸无法通过。

当马克廉将这项消息报告林肯，并说浮桥尚未预备好，连那最有耐心、最能容忍的总统也发脾气了，用他以前在印第安纳州鸽溪谷乡下说的俚语，质问他：“见鬼了！为什么还没预备好呢？”

全国人民也正以同样的语气，质问同样的话题。

终于，在 4 月，这“年轻的拿破仑”对他的士兵作了一场动人的演说，正如以前的拿破仑一般，然后 12 万士兵就高唱着“我留在家里的姑娘”而出发了。

战事已进行一年了。马克廉曾夸下海口，说他要立即解决整件大事，好让士兵们能赶回家种玉蜀黍和小米。

说起来你也许不相信，林肯和史坦登是如此乐观，他们竟拍电报给各州长，请他们不要再征召自愿兵，关闭新兵招募处，并且要将这些公共财产卖出。

腓特列大帝有一条军事格言说：“认清你的敌人。”李和杰克逊很清楚，他们所要对付的，只是“软膝拿破仑”——胆怯、小心翼翼、哀鸣的拿破仑，他不敢亲自上战场，因为他看见血就害怕。

所以，李就让他花费 3 个月的时间到达李奇蒙。马克廉领兵包围城墙，士兵们简直就能听到教堂的钟塔在报时。

然后罗伯特·李出其不意地出兵，在 7 天内，便将他赶回兵舰上躲了起来，并杀了他的 1.5 万名士兵。这件马克廉所谓的“大事”，竟成了悲惨的大败北。

但是，马克廉还是照例责怪“在华盛顿的那些叛徒”，还是那些老话：他们派出的兵力不够，他们的“怯懦和愚蠢”使他愤怒。如今他怨恨林肯及其内阁，比愤恨南方同盟更甚，他大骂他们的政策是“有史以来最可耻的”。

马克廉的兵原来就较敌人多——经常多很多，他每次都用不到这些兵；但是他仍继续地要求增兵再增兵。他要求多加一万，然后 5 万，最后要 10 万，这当然不可能，他了解这一点，林肯也知道他晓得这一点。林肯告诉他，这要求“简直荒唐极了！”

马克廉拍给史坦登及总统的电报，太侮慢且无礼，颇似疯子的胡言乱语，他苛责林肯和史坦登在毁灭他的军队。由于那些指责实在太过分了，所以电报收发员竟不肯送出那些电报。

全国为之骇然，华尔街万分恐慌，人民忧虑万分。

林肯为之消瘦憔悴，他说：“在所有活着的人当中，我是最无法自解的。”

马克廉的岳父——马歇尔参谋长说，如今除了向南方投降外，没有其他办法了。

林肯听到这话时，气得涨红了脸，就将马歇尔请来，他说道：“将军，我听说你用了‘投降’这字眼。只要是与我军有关的，这字眼绝不会用上。”

20.

早在新沙连时，林肯便从经验中学习到：租一所房子，办些杂货都不难；但是想靠这些赚钱，都是他及他的酒醉同伴所无法胜任的。

在命运的支配下，他历经了好几年的痛心和头破血流才发觉，想征召 50 万多士兵卖命，花一亿元给他们配备枪支、弹药和背包，都非难事；但是若要赢取胜利，就需要一位罕见的军事奇才。

“在军事行动上……”林肯感叹地说，“一颗非常的头脑是多么重要啊！”

因此，有无数次他都跪下祷告，祈求上帝赐给他一位罗伯特·李或约瑟·约翰斯顿或斯登华尔·杰克逊。

“杰克逊，”他说道，“是个勇敢、诚实，属于长老教会的军人。我们只要有一位这样的人来统领北方军队，国家便不会如此多灾多难。”

然而在整个联邦军队中，要到何处去找另一位杰克逊呢？没有人知道。施特曼发表过一首著名的诗，每段句末都以此作结尾：“亚伯拉罕·林肯，给我们一位真正的大丈夫吧！”

这不仅是诗的尾句，更是一个流血而苦难的国家的呼声啊！

总统读这首诗时，忍不住感动落泪。

两年来，他一直在寻觅这位全国所呼吁的军事奇才。他将军队交予一位将军，而这位将军率领人马作战，却留下一万或三四万寡妇孤儿哀号恸哭，一时悲凄遍及全国。这位将军因失职而另换一位；但另一位也是无能，再次造成一万人的死伤；林肯穿着便衣和拖鞋，彻夜不眠地踱方步，听取各方的报告，一再叫嚷着：

“我的天啊！人民会说什么呢？我的天啊！人民又将会说什么呢？”

而后又换了另一位统帅，但战败如故。

如今有些军事评论家认为，尽管马克廉有惊人的过失和出奇的低能，但还算是波多马克河区最好的军事将领。因此，如果你能想象的到，便知其余的将领又是怎么样了！

马克廉失败后，林肯任用约翰·波普在密苏里州颇有战绩，曾经占领密西西比河上一岛，擒敌数千。

他和马克廉有相似的两点：他长相英俊，也喜好吹牛。他宣称过，他的军营是“稳如泰山”，而且发表了许多夸张的布告，故被称为“波普宣言”。

“我是从西部来的，在那边我们只望见过敌人的后背。”他第一次向军队致词时，便说出这般太轻率而不得人心的话。然后他又谴责东部的军队不该按兵不动，暗示他们是无用的懦夫；而结束时，大肆渲染他在军事方面所创造的奇迹。

这篇宣言，使这一位新任统帅，比夏天草丛里的响尾蛇还要不得人心，无论军官或士兵，都讨厌他。

马克廉简直恨透了他！波普是接替他职位的，谁也没有比马克廉心里更明白，他已经写信去纽约找工作了，他嫉妒得如火烧般，一肚子的恨意和怨气！

波普带兵进人维吉尼亚，即将面临大战，他需要士兵，越多越好，于是林肯拍给马克廉的电报如雪片般飞来，命令他尽速派兵去援助波普。

但马克廉会服从吗？他绝不！他争辩、拖延、抗议、打电报推辞，他将原已派出的军队召回，而且他“用尽了恶魔似的心思”，使波普无法获得援助。“让波普先生，”他鄙视地说，“自行设法解决困难吧！”

甚至，在他听见南方联盟的炮声时，他还设法压制他的3万军队，不让他们去援助他最怨恨的死对头。

于是，罗伯特·李的部队，在老战场布尔渊大败波普的军队。死伤惨重，北方军队又惊慌逃散了。

这是布尔渊首次战役的重演，惨败伤重的士兵，又一涌而入华盛顿了。

李乘胜追击，甚至连林肯都以为首都保不住了。战舰都受命开进港里来，所有华盛顿的职员——不分老百姓或政府官员——都受命拿起枪杆来保卫城池。

国防部长史坦登在惶恐之下，电告 6 个州的州长，请他们派专车，送军队和志愿军来保卫首都。

酒店关门，教堂鸣钟；男人们都跪下祈求全能的上帝，来拯救这个城市。

老弱妇孺惊骇逃跑，街上只听阵阵马蹄声，和匆匆赶往马里兰的马车咔咔声。

史坦登准备要迁都纽约，乃下令撤空军械库，并将所有的军火搬往北方。

财政部长蔡斯，下令将国有的金银，火速搬运到纽约华尔街的国库支库里。

林肯忧心如焚，唉声叹气道：“我该怎么办呢？……我该怎么办呢？……船已要沉了，船已要沉了！”

人们相信马克廉为了个人报复，早已渴望看到“波普先生”败得片甲不留。

甚至林肯也已召他来过白宫，并告诉他人民都咒骂他是卖国贼！因他的行径简直是希望华盛顿沦陷，南方获胜。

史坦登怒气冲天，他因愤怒而涨红了脸。看见他的人们都说，如果马克廉当时走进国防部长办公室，史坦登必定会冲向他，一拳将他打倒。

蔡斯更是懊恼不已，他不愿揍马克廉，他说这个人早该枪毙了。

而这位虔诚的蔡斯更不是说着玩的，他所言亦非过甚之辞。他真的会蒙上马克廉的眼睛，面对石墙，用十几发枪弹射穿他的心。

但是林肯永远抱持着基督的精神对人类加以谅解，他谁也不责骂。虽然，波普失败了，但他不也尽到他最大的努力了吗？林肯一生尝过太多的失败经验，所以他不愿因他人失败而加以责备。

于是，他把波普派至西北部，去镇压作乱的印第安人，将军队再交给马克廉。为什么呢？因为林肯说："在军队中没有任何人比他更会训练士兵……虽然他自己不会作战，他却很会训练别人作战。"总统晓得，他必会因马克廉的复职而遭人们责难。果然，多方责难，连内阁都反对。史坦登和蔡斯甚至说，他们宁愿李攻占华盛顿，也不愿见这位卖国贼带领军队。林肯见他们这样激烈的反对，异常伤心，便说只要内阁通过，他一定引咎辞职。

几个月后，安地潭战役之后，马克廉坚决反对林肯的命令，不肯乘胜追击李的军队，于是，他遭到革职，从此结束了他的军人生涯。

波多马克河区必须再找一个领袖。他是谁呢？他在何处呢？没有人知道。

绝望之余，林肯把军队交给庞塞多。他并无领兵能力，他自己也知道。他两度推辞，当他被迫受命时，竟然哭了。他于是统领军队，贸然地进攻李军在菲勒利克斯堡的堡垒，而损失了 1.3 万个士兵。士兵死得很冤枉，因为根本无一丝毫获胜的希望啊！军官及士兵都开始大批地逃亡。

于是，庞塞多也被革职，而军队又交给另一位吹牛者——“好战乔”佛卡。

“上帝可怜李吧！”他夸口道，“因为我不会饶恕他的。”

他带领他所谓的“全球最精锐的部队”去迎击李。他的兵力较南方多一倍，但是李在查斯拉村大败他，将他赶过河，歼灭了 1.7 万人之多。

这是开战以来最为惨败的一次战役。

发生在 1863 年 5 月。总统的秘书在记录上写道，那几晚林肯彻夜不眠，他听见林肯在房间里不停地踱来踱去，叫嚷着：“完了！完了！一切都完了！”虽是如此，他还是前往菲勒利克斯堡，慰问“好战乔”鼓舞士气。

连着几次惨败下来，林肯饱受苛责，全国各地皆被忧郁和失望所笼罩。

除了种种军事忧伤外，更发生了一桩家庭悲剧。

林肯极疼爱的两个小儿子，泰德和威利。他常在夏天黄昏，溜出去和他们一起打球，当他从这一垒跑到另一垒时，衣尾在身后飞扬着。有时他会在白宫到国防部的路上，和他们沿路打弹子。夜晚，他喜欢在地板上和他们一同打滚跳跃。而在风和日丽的日子，他会时常由白宫后门溜出去，和两个儿子及他们的两只羊嬉戏。

泰德和威利把白宫搞得天翻地覆，组织歌剧团表演、叫仆人作军事操练、又在那些谋差事的人当中鬼混。若是他们看中了某位求职者，他们会设法叫他立刻去见“老亚伯”。如果前门见不着，便引他走后门进来。

也和他们的父亲一样，不拘礼节，有一次内阁正在开会，他们也冲进去说大猫在地窟里生了小猫。

还有一次，生性严肃的蔡斯非常生气，因为当蔡斯正在讨论严重的国家财政问题时，泰德居然在他父亲身上乱爬，并爬上肩膀骑在他的脖子上。

有人送威利一匹小马，他风雨无阻，每天一定骑它；结果着了凉，引起重伤风，发高烧。林肯夜夜守候于他的床边；当威利死去时，他泣不成声，叫嚷着：

“我可怜的孩子！我可怜的孩子！他实在太好了，不适合留在人间，上帝叫他回去了。他的死，叫我难受，很难受！”

凯克雷夫人描述当时的情景：“他将头埋在手里，高大的身躯因感情激动而颤抖……死去的男孩面容苍白，使林肯夫人浑身痉挛。她简直伤心至极！竟然没有参加葬礼。”

威利死后，林肯夫人不忍目睹他的照片。

凯克雷夫人告诉我们：“她一见到任何他所喜爱的东西便无法忍受，连一朵花也如此。人们送她许多讲究的花球，她都浑身发抖而避开，不是放在一间她看不到的房里，便是扔出窗外。她将威利所有的玩具都捐掉了……在他死后，她不曾再走进他临死所睡的那间客房，更不走进他大殓时的演员休息室。”

在极度悲伤之余，林肯夫人找来一位巫师，自称是“柯杰斯特爵士”。这个伪装者事后被人识破，在入狱的威胁下被驱逐出城。但当时林肯夫人在白宫接见了这位“柯杰斯特爵士”；在一间黑暗的房间里，她竟然深信，那抓壁声、拍墙声以及敲桌声都是她爱子的口信。她听到时便放声大哭。

林肯忧伤过度，整天无精打采地发愁，他几乎无法办理他的公务。信件、电报放在桌上均未批准回复。他的医生深怕他无法平复，永远为忧伤所困。

林肯时常坐着高声朗诵莎士比亚几个小时，只有他的秘书或侍从武官为听众。有一天他对着他的侍从武官念着《约翰王》，念到康斯坦斯哭亡儿的一段时，林肯合上书，背诵下面的诗句：

主教神父啊！我曾听你说，
在天上我们能重见亲友；
当真如此，我将再见到我儿呀！

“上校，你是否曾梦见已去世的朋友？”林肯问道，“梦中和他交谈甚欢，但仍意识到那并非真实，我时常这样梦见我的儿子威利呢！”说完便埋首于桌上，大声地哭泣。

21.

林肯的内阁，也和军队一样彼此嫉妒不和。

国务卿西华德，以“内阁总理”自居，看不起其余的内阁人员，干涉他们的行政，而引起他们很大的反感。

财政部长蔡斯，蔑视西华德，恨透马克廉将军，怨恨国防部长史坦登，又憎恶邮政总局局长布烈尔。

布烈尔呢？用林肯的话来说就是“到处去搅局”，更夸口说，他“一挑战便可置人于死地”。他指责西华德是个“无主见的说谎者”！而始终不肯和他有任何往来；至于史坦登和蔡斯呢？他总是不屑和这些无赖之徒讲话——即使是在开内阁会议时也尽量避免。

布烈尔因到处挑衅，终于置自己于死地了——在政治生涯。他结怨太深也太多，林肯只得请他辞职了。

内阁到处充满憎恨。

副总统汉尼巴·汉林，不肯和海军部长基甸·韦尔斯说话；而韦尔斯呢？头上戴着假发，满嘴白胡须，常写着日记，而每一页的记载几乎把他所有的同僚抨击得一文不值。韦尔斯特别憎恨威廉·西华德以及史坦登两人。

至于暴躁无理的史坦登，更是他最怀恨的人。他轻蔑蔡斯、韦尔斯、布烈尔、林肯夫人，以至于任何人。

“他从来不会为人着想。”格兰特说，“他拒绝人家的要求时，远比允许时还要快乐的多。”

雪曼恨透了史坦登，于是有一次在阅兵台上当众给他难堪，10 年后他撰写回忆录时，还颇为得意地述说。“我走向史坦登先生时，”雪曼说，“他对我伸出手，给我当众拒绝了，那件事是全国皆知的。”

很少人像史坦登这般被人毒恨。

虽然，这位朴素斯文、爱说故事的西部人，是他们的上司，但又算老几呢？

他是政治上的意外产物，一个“冷门”，乘机而入，把他们给挤了下来。

司法部长贝特斯，在 1860 年希望被提名竞选总统；在他的日记里写着，共和党犯了最严重的错误——提名林肯，他是个“没有意志和宗教”、“没有指挥能力”的人。

蔡斯也希望自己被提名；他毕生以“一种仁慈的轻蔑”来对待林肯。

西华德也是满腹牢骚：“失望？你向我提起失望？”他有一

次踱着方步向一位朋友嚷道："我本来是共和党提名的总统候选人，如今机会却让给了伊利诺伊州的一个小律师啊！"

西华德知道当初若不是霍勒斯·格利列来捣乱，他早已当选总统了。他晓得如何处理政务，他已有20年的行政经验。

林肯曾做过什么事呢？除了在新沙连一家杂货店管账之外，什么事也没做过，而且店铺还被管垮了。他还管过一个邮政局，那是把信装在帽子里到处跑的工作。

那就是这位"草原政客"的行政经验。

如今他坐在白宫里，举止无措一片慌乱，凡事任其拖延，毫无条理，国家已濒临大乱。

西华德相信，还有更多人也相信，要他担任国务卿就是要他当政，林肯只不过是个傀儡。人们称呼他为内阁总理，他很爱听，他相信只有他才能拯救美国。

"我会努力，"当他接受命令时说，"拯救自由以及我的国家。"

林肯就职后不到5个星期，西华德便送给他一份傲慢的备忘录，可真是惊人之笔，简直万分无理！有史以来，从未有一个阁员送过这样傲慢无礼的公文给一位总统。

"我们执政已经一个月，"西华德劈头便说，"迄今内政外交尚无定策。"

然后自以为有超人一等的智慧，能批评这位曾在新沙连开过杂货店的人，并且告诉他应该如何治国。

最后，他索性厚着脸皮建议林肯以后不必管事，只要他来当政就好了，以免国家灭亡。西华德有项建议，简直荒谬狂妄，致使林肯为之骇然！西华德不赞同法国和西班牙在墨西哥的行动，于是他建议林肯促请两国注意。对了，还有英国和俄国。假如“不能得到圆满的答复”——你猜他怎么打算？

宣战？是呀！一个内战似乎还不能令这位政治家满意。他还想要多方面开战！

他真的写了一篇傲慢的通牒给英国——一封充满着警告、威胁和侮辱的通牒。如果林肯没把那些最不客气的文句删掉，将其他字句改为缓和的语气，也许真会引起战争。

西华德一边开鼻烟，一边宣称他希望有个欧洲强国来干预并保护南卡罗来纳州，因为这样一来，北方就可“攻击这个强国”，而所有南方联盟，也会来帮忙攻打强敌。

几乎真和英国打了起来，因为一艘北方的军舰，在公海上公然拦截一艘英国邮船，捉走两个要赴英法两国的南方官员，并将他们囚进波士顿的监狱里。

英国开始准备作战，载运着成万的军队渡过大西洋，在加拿大登陆，预备和北方开战。虽然林肯承认这是他生平最难堪的一次，他都不得不释放南方联邦官员，并表示歉意。

西华德的一些狂妄思想，每每令林肯大惊。最初林肯颇以自己没有行政经验为虑，深怕自己应付不了如此庞大且艰巨的重任。他需要帮助——智慧和指导，他最初任命西华德就是为了这些原因，结果呢？

华盛顿全城都谣传西华德把持政权，这可伤了林肯夫人的自尊心，令她大怒！眼里充满着怒火，她要求她那位谦虚的丈夫，维持自己的权势。

“也许我自己不会治理国家，”林肯对她保证，“但西华德并不能代我而治；我唯一的主宰便是我的良知和我的上帝，这些人迟早会明白的。”

后来，他们果然全都明白了这一点。

蔡斯是内阁里的英才，英俊潇洒，6 英尺 2 英寸高，一看就令人悦服；有修养，熟读古典文学，精通三国语言，他的爱女是华盛顿最漂亮又最得人缘的女主人。老实说，他看到一个白宫主人不晓得如何订菜单，真是大感惊愕！

蔡斯信教态度非常虔诚，星期日总要做 3 次礼拜，在洗浴时背诵诗篇，是他将“信任上帝”4 个字刻在美国硬币上的。每晚就寝前他必定读《圣经》和一本讲道的书，所以他全然不能了解一位每晚临睡前看幽默文集和杂文集的总统。

林肯的幽默风趣，经常激怒蔡斯。

有一天，林肯在伊利诺伊州的一位朋友来访。门房向他打量一番，回答说内阁正在开会，总统不能见客。

“没关系，”客人回答道，“你只要去向林肯说，奥兰德来了，要讲个口吃法官的笑话，他会见我的。”

林肯立刻请他进来，和他热烈地握手言欢，并向大家说：“诸位！这位是我的老友奥兰德，他正想讲个口吃法官的笑话给我们听。这是个很有趣的故事，公事先放在一边吧！”

于是，严肃的官员们和国家大事只得暂时等着，奥兰德只顾着说他的笑话，林肯则尽情地大笑一场。蔡斯气极了！他为国家的前途而担忧，他抱怨林肯“把战事当成笑话”，简直是将国家送进“破产和毁灭的深渊中”。

蔡斯嫉妒心极重，他想做国务卿，为什么林肯不请他做呢？为什么他被轻忽呢？为什么那个要职竟归于傲慢的西华德呢？为什么他仅被任命为财政部长呢？他满腹怨恨。

如今他只好屈居第三位了。好吧，他一定要给他们点颜色看。1864 年的总统大选就要届临了，这一次他决意要自己坐镇白宫。他对其他的事都不去想，只是全心全意投入林肯所谓的“蔡斯对于总统职位之疯狂追求”。

当着林肯的面，假装是他的友人；但是背着林肯，蔡斯实在是这位总统暗地里的死对头。林肯常常因制定政策而不得不得罪一些有势力的人，蔡斯便赶快跑到那些不高兴的牺牲者面前，向他们表示同情，并说他们是合理的，挑拨他们对林肯的愤怒，并且说服他们，若是沙尔门·蔡斯当权的话，他们必能得到公平的处理。

“蔡斯就像是一只金头苍蝇，”林肯说过，“只要有一点腐坏的地方，他就会下蛋。”

多少个月来林肯晓得这一切；但他仍以豁达慷慨的风度，置本身之权力于不顾，他说：“蔡斯是个很能干的人，但在总统职位的问题上，我认为他多少有点疯狂。他近来举止失当，而人家对我说：‘现在正是撵他走的时候了。’唔，我是不赞同把任何人撵走的，只要他有才干、能做事，我主张让他去做。所以我已决意，只要他尽到财政部长的责任，至于他狂热抨击白宫的事，我只得视若无睹。”

然而，情形愈来愈坏，只要事情一不如意，蔡斯便递辞呈，连着5次，每次林肯总是去看他，劝慰他复职。终于，连最能容忍的林肯也火大了。他们彼此间交恶之深，致使双方都不愿意相互见面。于是，在另一次蔡斯又递上辞呈时，林肯便批准了。蔡斯大吃一惊，这一下他可弄僵了。

参议院的财政委员会集体赶到白宫，他们提出抗议，蔡斯离职将是国会的损失。林肯倾听着，让他们尽量讲。然后他述说他和蔡斯之间的许多痛苦经历，说蔡斯一直想要当权，不愿接受他的指挥。

“他若不是有意要惹我……”林肯说，“就是要我拍拍他的肩膀留他。我认为不该这样做，所以我就依他的意思。但他当阁员的贡献已经中止了，我决定不再维持这层关系。若是有必要的话，我愿意辞去总统的职位。我宁愿返回伊利诺伊州的老家，拿起斧头来赚饭吃，也不愿再忍受目前的情况。”

不过，林肯对于这位曾经凌辱轻视他的人作何评价呢？“在我所认识的大人物中，蔡斯算得上是他们之间最好的一个。”

尽管彼此间发生嫌隙，林肯还是做了一件在他毕生中，极美德、极豁达的决定。他授予蔡斯美国总统权力内最荣耀的职位，他聘请他为美国最高法院院长。

然而，若比起那凶暴的史坦登，蔡斯只能算是一只温驯的小猫。短小精悍，体格壮似牛，史坦登的确具有这种动物凶猛及狂暴的性情。

他一生的行径都是冒失而逾越常轨。他的父亲是位医生。曾把人的骨架挂在孩子嬉戏的仓库里，期望这个孩子将来也当个医生，年轻的史坦登曾向他的同伴讲述骨架的事，谈论摩西、地狱之火及洪水；后来突然到俄亥俄州哥伦布城，去当一家书店的伙计。他寄宿在别人家，有一天早晨他离家之后不久，房东的女儿因染患霍乱死去，当史坦登晚上回来吃饭时，她早已下葬了。他却坚拒不信。深怕她被活埋了，找一把铲子赶到墓地，一连挖了好几小时，将她的尸体挖出来。

多年以后，他因女儿露茜的死，忧伤过度，在她已埋葬了 13 个月后，重新把她的尸体挖掘出来，放在他的寝室里有一年多。

史坦登夫人去世后，他将她的睡衣和睡帽，每晚摆在自己身边，哭泣不已。

他是个怪人，有些人说他是疯子。

林肯和史坦登初次见面，是为了一件专卖特许权的案子，当时他们两人和费城的乔治·哈定，都是被告的顾问。林肯把案件仔仔细细研究过，花了许多心血和精神，准备要发言。但是史坦登和哈定看不起他，不准他在开庭时发言。

林肯给他们一人一份讲辞的副本，但他们认为那是“毫无价值的”，连看都不看一眼。他们不肯和林肯一起出入法庭，不肯让他进入他们的房间，甚至不肯和他同桌共餐，他们当他是不入流的人。

史坦登说过——林肯亲耳听到："我绝不和这样一个讨厌、笨拙的长臂猿来往；倘若不能找到一个有绅士风度的人，和我一起处理这个案件，我宁愿放弃。"

"从未有人像史坦登那样轻视我。"林肯说。他回家后伤心欲绝，又再次陷人极度的忧郁中。

林肯当选总统后，史坦登对他的厌恶和蔑视更深，他称林肯是"一个痛苦的低能者"，宣称他毫无能力治理国家，又说他应该被一个军事独裁者驱逐出去。史坦登一再地宣称，杜查理是个傻瓜，大老远跑到非洲去寻找大猩猩，其实，真正的大猩猩正坐在白宫里抓痒呢！

在他写给布坎南的几封信中，将总统贬得一文不值，其字句不雅不便重述。

林肯于就职 10 个月以后，国家发生了一件重大贪污案。政府被剥削！损失几百万元，暴利者，不诚实的军火合同，诸如此类，举国哗然！

而且，林肯和国防部长西门·凯麦隆，对于是否征调黑奴服役的问题，意见相左。林肯要求凯麦隆辞职，他必须另找新人主持国防部。林肯晓得这个决定关系着国家的命运。他也确知该聘请何人，因此林肯对一个朋友说道：

"我已下定决心要忍气吞声——也许我的自尊心会遭欺凌——但我已决定聘请史坦登为国防部长。"这实在是林肯极聪明的决定之一。

史坦登在国防部办公室里站着，发号施令有如旋风，全体职员战战兢兢，犹如小鬼见阎王一般，夜以继日地工作，不敢回家，吃住均在办公室。他恨透了那班充斥军队游手好闲、工作低能的军官！

而他不管前后左右，随处开炮。

连咒带骂，侮蔑那些好管闲事的国会议员。他向那些不老实的承包商不停地开战，违背国法而不顾，甚至逮捕某些将领，将他们关进监狱中数月，不加审问。他教训马克廉犹如一个小兵，逼他打仗，他咒骂着说："波多马克河区的美酒佳肴必须停止！"他管制全国的铁路、电报线路，连林肯收发电报亦须经过国防部；统辖了全国的军队，连格兰特将军对副官处所下的命令，都要经过他的允许。

多年来史坦登一直闹头痛，又罹患气喘和消化不良症。

但是，他抱着专心一致的热忱只为一件事：乱吵乱打直到南方重返联邦为止。

林肯为了这个目标，愿意忍受一切。

有一天，一位国会议员劝诱总统给他一个命令调动某些军团的兵。他拿着命令匆匆忙忙地跑到国防部，就放在史坦登的桌上，但史坦登暴叫着说，他绝不照办。

"可是，"那个政客抗议道，"你忘了我有总统的命令啊！"

"如果总统给了你这道命令，"史坦登驳道，"他便是个傻瓜。"

那位国会议员赶忙回来找林肯，以为他会大怒，而将国防部长革职。

但林肯听完事情的始末，目露笑意，说：“如果史坦登说我是个傻瓜，我大概就是傻瓜，因为他多半是对的。我自己去看看。”

他果然去了，史坦登说服他下这个命令是错的，林肯立刻收回成命。

“我不能再给史坦登先生添麻烦。”他说，“他的职责是全世界最困难的，在军队里成千的人们责骂他，因为他们不得升迁。几千人埋怨他，因为他们未得任用。他所受的压力是无法估计而又无止境的。他好像是我们国家海洋沙滩上的一块岩石，不断地受浪涛打击。他击退怒潮，不让它们侵蚀大陆。我不明白他如何继续生存而不曾被打成碎块。没有他，我必遭失败。”

然而有时，总统也有坚决的时候。那时——可要当心啰！倘若“老战神”说他不肯照办，林肯便很安详地答道：“我看，部长先生，你还是必须照办。”于是，他果然照办了。

有一次，他下了一道命令，如此说：“不用‘假如’、‘而且’或‘但是’，艾利尔·赖斯上校必须晋升为美国陆军准将——亚伯拉罕·林肯。”

又有一次他写条子给史坦登，要他任用某人：“不管他是否知道西泽大帝头发的颜色。”

到后来，史坦登和西华德以及许多最初谩骂轻视林肯的人，都渐渐尊敬他了。

当林肯躺在福特戏院对面那栋公寓里垂死时，这位铁人史坦登，从前骂他为“一个痛苦的低能者”却说：“这里躺着全世界有史以来，最伟大的人类领袖。”

海约翰，林肯的秘书之一，曾经叙述过林肯在白宫里的工作态度——

他极度不讲究规律，4年来，尼哥莱和我不断努力，要他采用一些有系统的规律；每次规则刚定好，他都立刻破坏掉。任何使他和人民群众隔离的事，他都不准；虽然百姓常用一些无理的抱怨和要求，使他不得安宁。

他很少写信，所接到的书信中，看过的不到五十分之一。首先我们设法引起他的注意，到后来，他将所有的信件交给我，连我替他拟的信件，他看也不看就签字了。

他一星期至多写半打信。

当总统有些外地寄来的重要信件，需要处理时，他也难得写信，大半是差遣尼哥莱或我跑一趟。

平常他10时或11时就寝……而甚早起床。当他住在乡间士兵之家时，一早起来，穿好衣服，吃完早餐（那是极简单的，一个蛋，一片烤面包，咖啡而已。）在8时以前，必定乘专车抵达华盛顿了。冬天，在白宫里，他起床较晚。他睡得不好，都在床上消磨好多时间……

中餐，他吃一片饼干，冬天则喝一杯牛奶，夏天就吃一些水果或葡萄……他饮食有度——比我认识的任何人吃得还少。

除了水以外，他一概不喝，并非为了诫条，只因他不爱喝任何酒……

有时他会跑去听一场演讲或音乐会，藉此稍微休息一下……

他很少看书，他更难得去翻阅一下报纸，除非我提醒他注意某些特殊问题的专论。他常说："我比他们任何人懂得多。"要说他是个谦虚的人，未免可笑！没有一位伟人是真正谦卑的。

22.

你若问一般的美国公民，为什么会有南北战争？

他们多半回答："为了解放黑奴。"是吗？

让我们看看吧！

以下是从林肯第一次就职总统的演说稿摘录出来的："我无意直接或间接地干涉国内现有的蓄奴制度，我相信在法律上我无权干涉，我也无意如此做。"

事实上，林肯未发表《解放宣言》以前，南北战争开火已有 18 个月之久了，死伤者到处呻吟。在那一段时期，激进分子和废奴主义早已催促他立即采取行动，在各报章上指责他，公开演说诋毁他。

有一次，一位芝加哥牧师代表来到白宫，带着他所谓的"全能上帝的命令"，要他立刻解放黑奴。林肯告诉他们，上帝若有任何指示，他必定会直接送到白宫来，用不着绕道芝加哥。

最后，霍勒斯·格利列，被林肯的拖延和不行动所恼，在一篇“两千万人的祈祷”专论中对总统大肆抨击。两大栏都充满着激烈的怨言。

林肯对格利列的答辞，乃是军事论文的典范——清晰、简洁、有力。他结束时用了这些值得记忆的字句：

在这次争斗中，我主要目的是挽救联邦，而不是要保存或破坏蓄奴制度。假若不必解放黑奴而能挽救联邦，若我有所容忍，那是因为我相信容忍将有助于挽救联邦。如果我认为我的行动将有损于正义，我将减少行动。但如果我认为我的行动有助于正义，我将增加行动。若有所过失时，我将设法纠正。但新的意义若是真理，则我将随时采纳。以上我所谈的，是我对于职务上的责任和观点。我并无意改变平日我常讲的个人的愿望：愿世界所有人类都平等。

林肯相信假若他挽救了联邦，阻止蓄奴制度的蔓延，那么到了相当时期，蓄奴制度必然自行解除。但假若联邦破裂了，那么这制度也许还要延续几百年呢！

有4个蓄奴州归附于北方，林肯深知，倘若在争执中太早发表《解放宣言》的话，将会使他们归附南方联盟，加强南方的力量，或许联邦因而永远灭亡。当时有一种说法：“林肯固然要和上帝站在同一边，但是他必须得到肯塔基州。”

于是，他等待适当时机，谨慎行动。

他本身就是与世居南方边界的蓄奴家庭联姻，他的妻子从她父亲手中所得的财产中，就有一部分是贩卖奴隶所得的钱。他唯一最亲密的朋友——施毕特——也是来自蓄奴的家庭。林肯同情南方的观点；此外，他还具有律师的传统——对于宪法、法律以及产业的尊敬。他不想给任何人为难。

他认为蓄奴制度的存在，北方和南方同样有责任。要废除这制度，双方应同时负起重担。于是他拟订了一项比较合理的计划，按照这计划，凡是忠于联邦的蓄奴州，奴主每解放一名奴隶，便可得到400元。奴隶的解放是缓慢的，整个计划的推进，直到1900年1月1日才完成。他将那些边界几州的代表请到白宫，他要求他们接受他所建议的。

“此计划所企图改变的，”林肯指出，“是和平的，有如天降甘露，绝不致破坏或毁灭任何事物。你们还不愿接受吗？从前未有一项努力能够实现那样多的善举，但如今按照上帝的旨意，你们有极大的权力来实行了。但愿后世子孙，不必因你们置之不理而叹息。”

“但是他们竟然置之不理，我必须救这个政府。”他说，“这一次我要大家永远明白，我绝不会轻易放弃，我将用尽一切我所办得到的手段……我相信解放黑奴和黑人从军，已成为必要的军事措施，我已经被迫在这措施和放弃联邦两者之间做选择。”

他必须立即行动，因为英、法两国几乎要承认南方联盟了。为什么呢？理由很简单。

先拿法国来说吧！拿破仑三世新娶了德巴伯爵夫人，她被称为世界上最美丽的夫人，而他正想炫耀一番呢！他渴望能和他的伯父拿破仑一世一样，集荣耀于一身。因此，当他看见美国南北各州彼此开战大动干戈，知道他们已无暇实行“门罗主义”了，他下令派兵进驻墨西哥，射杀了几千个土人，征服了那个国家，称墨西哥为法属帝国，而且指派麦西米兰大公登皇位。

拿破仑三世相信，假若南方联盟得胜，将有利于他的新兴帝国。但假若北方联邦获胜，美国必然会立刻采取行动，将法国人逐出墨西哥。因此，拿破仑三世希望南方顺利地脱离联邦，他愿意尽力帮忙。

战争一开始，北方的海军便封锁了南方所有的港口，看守着 189 个港口，并巡逻 9614 英里的海岸线、海峡、小港和河流。

那是有史以来规模最大的封锁。

南方被围困得毫无办法。他们卖不出棉花，又无法买进枪支、弹药、皮鞋、医药用品或食物。他们将栗子和棉子煮沸了代替咖啡，又把黑莓叶片和梓木树根合熬来代替茶水。新闻印在糊墙的纸上。熏肉房的地板，因饱浸咸肉油，被掘出来，煮开制盐。教堂的钟被熔化去铸造大炮。李奇蒙的电车轨道被拆开，去制造炮舰上的甲板。

南方联盟无法修复铁路或购买新器材，以致交通运输为之停顿。原来在乔治亚每蒲石（约合 3 斗）两块钱可买到的玉米，在李奇蒙却要卖到 15 块钱。维吉尼亚的人民已开始闹饥荒了。

必须要立刻想个办法，因此南方向拿破仑三世求援，只要他肯承认南方联盟，并且派法国舰队来解除封锁，联盟愿以1200万元的棉花为酬。此外，他们又答应要向法国订购大量的货物，使法国每家工厂都日夜开工。

于是，拿破仑三世极力想怂恿俄国及英国和他一同承认南方联盟。那些掌权的英国贵族们，把他们的单片眼镜戴好，喝着威士忌酒，聚精会神，聆听拿破仑三世的建议。

美国实在变得太富强，而令他们不悦。他们要看那个国家分裂，联邦崩溃。而且，他们也极需南方的棉花，英国许多工厂都已倒闭，有100万的人民失业，而且贫苦近于乞丐。孩子们哭着要吃东西，上百个人饿死。为英国饥民募捐的运动，遍及全球，连远方贫苦的印度和中国也包括在内。

如今有一条生路，且是唯一的路，可令英国获得棉花，而那就是和拿破仑三世同时承认南方联盟，解除封锁。

果真如此的话，对美国将有何影响呢？南方即可得到枪炮、火药、借款、食物、筑路器材，以及民心士气上的大振奋。

那么，北方又得些什么呢？就是两个强而有力的敌人。目前的情况已够恶劣，到那时将变为更绝望的局面。

没有人比林肯更了解这个情形。他于1861年便坦白承认了：“我们最后的手段将用尽。”“我们必须立刻改变目前的策略，否则必将失败。”

在英国看来，这些殖民地原本都是从它脱离出来的。如今轮到南方的殖民地要脱离北方，但是北方正积极地想制伏它呢！在伦敦的爵士或巴黎的皇子看来，田纳西州或得克萨斯州要听命于华盛顿或李奇蒙，都毫无差别。在他们看来，这场战争是毫无意义又没有任何崇高的使命。

“在我们这一代的战争中，”卡莱尔（英国文史学家）写道，“这是最愚蠢的一场战争。”

林肯深知他必须要改变欧洲对于战争的看法，他晓得该如此做。在欧洲至少有 100 万人读过《黑奴吁天录》，并且哭泣过，因而憎恶蓄奴制度的残忍和不人道。林肯知道，假若他发布《解放宣言》，欧洲人对这场战争必将改变看法。将不再是为维持与他们毫无关系的联邦而血战，相反，将一变而为打倒蓄奴制度的一场圣战了。欧洲政府将不敢承认南方联盟，也不敢支援南方联盟任何物资。

所以，1862 年 7 月间，林肯终于决意发布他的宣言，但是马克廉和波普却连连惨败。

西华德劝告总统现在不是时候，最好再等一次捷报传来，才发表这项宣言。

这个意见很有道理，于是林肯等着，两个月后果然打了胜仗。然后林肯就召集内阁，讨论发表这篇自从美国《独立宣言》以来最著名的文件。

这是一个划时代的局面——极重要的一刻。但是林肯有没有庄重严肃地行事呢？并没有。他随时碰到一则好笑的事，总要说给别人听。他经常带着一本华德（幽默作家及报人）的著作在床上，每当看到了好笑的故事，他便起床来，穿着睡衣，穿过白宫的长廊，到秘书的办公室，念给他们听。

在预定召集内阁讨论发表宣言的前一晚，林肯正好得到华德的新书。里面有一个故事，他认为很好笑。于是，趁着大家还没有讨论正事之前，先讲给他们听，故事名叫“幽地基的高压暴行”。

等他笑完后，就把书撇在一边，郑重其事地说道：“当叛军还在菲勒利克时，我已决定，一驱逐他们出马里兰，便立刻发布这篇《解放宣言》。我未曾对任何人说起，但我对我自己说以及对我的创造主许下诺言。叛军已被驱逐出境，所以我要履行我的诺言了。我请各位齐聚来听我的讲解，我不希望你们再给我什么建议，因为我已下定决心。我所写的讲辞是我再三熟虑后决定要说的，假如我所用的措辞，或是任何小节上有不妥之处，你们认为有修改的必要，我很乐意接受建议。”

西华德在措辞上建议了一点小改变。经过几分钟后，他又提出一项建议。

林肯质问他，为什么不同时提出两项建议。然后林肯临时中断《解放宣言》的讨论，而另讲一则故事。他说从前在印第安纳有一个雇工向他的雇主报告，说他最好的一对雄牛有一只死了。过了一会儿，那个雇工又说：“另一只也死了。”

“你为什么不同时告诉我呢？”农夫质问。

“唔……”雇工答道，“我不愿意一次告诉你，怕你太伤心了。”

1862 年 9 月，林肯将宣言向内阁发表，但直到 1863 年 1 月 1 日才正式生效。国会在 12 月开会的时候，林肯向他们呼吁支持。在演说时，他说了一句最美的诗句——自然流露的诗句。

讲到联邦，他说道：“我们将崇高地挽救或鄙贱地丧失世界上最后及最好的希望。”

1863年元旦，林肯花了好几个小时和白宫的无数宾客握手。那天下午，他回到办公室，把笔蘸入墨水，就准备在《解放宣言》上签字。迟疑片刻，他转向西华德说道：“如果蓄奴制度不算错，那世上便没有错的事了，我平生从未如此确信过，我所做的是对的。但是从今天早上9时到现在，我一直在会客和握手，手臂已僵硬麻木了。这一次的签字，他们将会仔细观察，假若他们发现我的手发抖过，他们就会说：‘他有一点后悔了。’”

这项宣言在当时没有得到普遍赞同。“唯一的效果是……”奥比尔·布朗宁，即林肯的好友及强有力的支持者，曾经写道：“使南方团结起来同表愤慨，北方陷入迷乱或分裂。”

军队叛变，那些为挽救联邦而入伍的士兵，他们绝不愿为解放黑奴而使黑奴们与自己社会地位平等而死。成千成万的士兵逃跑，征兵到处行不通。

原本支持林肯的平民，也对他大失所望。秋季选举情形并不乐观，连他的故里伊利诺伊州也背弃了共和党。

不久，选举失败，战局惨变——庞塞多在菲勒利克斯堡，有勇无谋地攻击李军，造成1.3万人的伤亡，是一次愚蠢又无益的屠杀。这类事件在以往18个月中不断重演，难道永不停止吗？全国为之愕然，人民陷入绝望中。总统到处被人责骂，他惨败了，他的将领、政策都惨告失败，人民不能再忍受，连共和党的参议员都背叛了他。而且，为了逼林肯退出白宫，他们去拜见他，要求他改变政策，并开除全体阁员。

这是一次极难堪的打击，林肯承认这是他政治生涯中最重大的一次打击。

霍勒斯·格利列如今也非常懊悔在1860年迫使共和党提名林肯。

他承认："这是我毕生最大的错误。"

格利列和一些有地位的共和党员发起了一个运动，目的如下：逼林肯辞职，让副总统汉林入白宫执政，然后再强迫汉林把指挥北方联军的权力交给罗斯克兰。

"我们现在已濒临毁灭边缘了，"林肯承认，"看来似乎连上帝也和我作对，我简直看不到一线希望！"

23.

1863 年的春天，李将军被捷报频传所惑而盲动，决心要采取攻势侵犯北方。他计划夺取宾州那些富庶地带的工业中心，以获得食物、药品和新衣服，补给他那些已褴褛不堪的军队，以为也许能占领华盛顿，然后强迫英法承认南方联盟。

这是大胆又冒险的举动！是的，但南方军队夸口说，一个南方联盟军人能打败 3 个北方佬，他们坚信如此，所以当他们的军官告诉他们，到了宾州一天可吃两顿牛肉，他们都心急着要立刻动身。

在离开李奇蒙之前，李将军接获一封不好的家信。一件可怕的事情发生了！他有一个女儿偷看小说被发现了。这位大将军顿感不安，于是他写信劝她，有空闲时多读读柏拉图、荷马或浦鲁塔克的传记。写完信后，李照例读《圣经》，跪下祷告；然后吹灭蜡烛就寝……

第二天，他带领7.5万人出发。他的军队冲过波多马克河，全国陷入惊惶。农夫们匆忙驱赶牛马逃出了甘巴兰谷；黑人生怕再被抓回去当奴隶，吓得眼睛转白，惧怕而逃。

李军的炮兵已向哈利斯堡开火，忽然听到北方联军威胁要切断他们的交通线路，于是就像一只怒牛转身袭击在它身后狂吠的狗一般，他急忙领兵回击。正巧，牛狗相会于宾州一座设有学院的小村落里，村名叫盖茨堡，造成美国历史上最著名的一次战役。

开战两天北方损失两万人。第三天，李将军希望乔治·毕格特将军所率领的生力军向敌军做最后猛攻并予以粉碎。

这是李将军的新战略，到目前为止，他的军队总是躲在城墙的背后或树林中作战。现在，他却计划露脸大干一场。

这战略令李将军手下最干练的助手隆司德力将军惊惶失措。“天哪！”隆司德力叹道，“李将军你看，我们的阵线和北方佬的阵线间有多少阻碍——险山重重，一列列的炮垒，一道道的防线。况且我们是以步兵在对抗他们的炮兵啊！而看我们冲锋时的阵地，几乎有1英里长的旷野，都在他们的枪炮射程下，依我看来，从未有1.5万名士兵能够在这种情形下进攻的。”

但是李将军不听劝告。“以前从未有士气如此激昂的士兵！”他答道，“如有良好领导，他们可以到任何地方做任何事情。”如此，李将军坚持己见，他的军事生涯从此铸下无法挽回的大错。

南方联盟军已集中了150尊大炮在神学院山附近。今天你若去参观盖茨堡，必然可看见那些大炮，像当年7月那不幸的下午所摆列的一样，作为掩护步兵冲锋的炮火，这是前所未闻的战略。

隆司德力这一次的判断比李将军正确，他相信冲锋除了造成无谓的残杀外别无所得。因此他独自哭泣，不肯下达军令。于是，别的军官替他发令。为服从命令，乔治·毕格特将军就率领他的南军，做了一次西方史上最紧张最凄惨的冲锋。

说也奇怪，这一位向联邦军冲锋的将军都是林肯的老友。事实上，也是因林肯的帮助，他才得以进西点军校的。这位毕格特是一个风头人物，他留着长发，赤褐色的头发几乎垂肩；像拿破仑在意大利作战时一般，他几乎每天在战场上写热烈的情书。那天中午，他斜戴军帽，意气飞扬地骑马冲向联邦军的阵线时，他那忠贞的部队都向他欢呼，他们欢呼着随他前进，队伍整齐，旗帜飘扬，刺刀在阳光中闪烁，真是壮观、英勇、伟大！北方军队远远望见，都不觉暗地称赞。

毕格特的部队很轻松地前进，穿过果园、玉蜀黍田，跨过草原，渡过幽谷。敌方的炮火不断地射击，他们还是勇往向前，猛不可挡。

突然间，北方联军的炮兵从他们埋伏的公墓山后石墙冲上来，大肆攻击毕格特那毫无防备的部队。山峰上尽是一片火光，似同一处屠场，好像爆炸的火山。几分钟内，毕格特军团中的司令官都已死伤，只剩一个，5000人中有五分之四都已阵亡。战场上，火光漫天、战烟四起。

阿米司特带领着残余部队作最后的冲锋，自己跑在前头，跳越石墙，冲过敌军防线。他把军帽插在剑尖上挥舞着喊叫：

“弟兄们，奋勇杀敌吧！”

其余的人也跟上来，跳过墙，用刺刀杀敌，以枪杆打敌人的头颅，终于在公墓山峰上，插下南方联盟的军旗。

那些军旗不过飘扬几分钟，然而这短短的几分钟已奠定了南方联盟的最高峰。

毕格特的冲锋——光荣而勇敢——却已成为结束的开端。李将军惨败，他无法攻破北军，他自己也明白了。南方命运已经注定了。

当毕格特的残军，负伤回营时，李将军骑着马匹，亲自出去迎接，给他们鼓励，并自责不已。那伟大的精神，实为普通人所不及。

“这全都是我的错，”他承认了，“是我打了败仗。”

7 月 4 日晚上，李将军开始撤退。正好碰上滂沱大雨，当他抵达波多马克河时，水位暴涨，无法渡河。李将军进退两难，前面河深不能渡，后面追兵将至，看起来，密特将军可以擒掳他了。林肯很高兴，他敢确定北方联军会抄南军的后路，将李将军的部队包围，战争便可胜利地结束了。当时若是格兰特将军领兵，结果也许是如此。

然而这位骄傲而学者派的密特，却不像猛犬格兰特！整整一星期，每天林肯总是再三地催促，吩咐密特要进攻，但是他顾忌太多，又太胆怯。他不想打仗，他犹豫不决。他打电报借故多方推辞，他又直接违抗命令而召集战略会议——他不采取行动，于是水位退了，李便撤走了。

林肯勃然大怒。

“这是什么意思？”他嚷叫起来，“上帝啊！这是什么意思？他们已在我们的掌握中，只需一伸手便可将他们擒住；但我方的军队部连一根手指也没动。在那种情形下，即使再无能的将军都可打败南军的。如果我在前线，一定自己生擒他！”

失望之余，林肯便写了封信给密特，其内容如下：

密特将军：我相信你不曾注意到李将军逃脱后的祸患有多严重！敌人本来在我们的掌握之中，只要善加利用这有利情势追击的话，便可一举击败南军，而顺利地把战争结束。然而，放弃了这大好机会，战争的终结就完全无法预料了。以阁下来说，上星期攻击李将军本是最安全的；现在，他已渡到对岸，要攻击他是绝对不可能了。当日只要兵力的三分之二即可瓦解对方，现在是无法如此轻松了。我认为要期待阁下大有作为是很勉强的，事实上我并不敢期待。只因阁下放走了千载难逢的好机会，为此，我尚要吃无数的苦。

林肯自己又读了一遍，然后向窗外出神凝望，他想：“假若我是在密特的处境下……”他自语着，“我的脾气和他相同，又加上那么多流血的惨状，或许我也会让李将军跑掉吧！”

这封信不曾寄出，密特未曾读到它。

林肯死后，在他的文件中，才发现这封信。

盖茨堡战役是在7月的第一个星期发生的；在战场上死者6000，伤者2.7万余。教堂、学校和谷仓都改为医院，呻吟声到处可闻。每小时就有几十个人死去。在那酷热天气下，尸首很快就腐化了，埋葬工作队必须加紧工作。掘墓都来不及。因此在许多情形下，只能在尸首处，盖上一些土。但是几阵大雨后，许多的尸体又半露出来。于是他们将北方军队的尸首收集起来，另外合葬在一处。

第二年秋天，公墓委员会决议要举行献地仪式，就邀请了全国最著名的演说家爱德华·爱维莱特到场致辞。

正式的请帖发出，邀请总统、内阁阁员、密特将军、所有的国会议员、外交使节团的人员、名流绅士以及外交团体。很少人答应参加，许多人不曾回复。

委员会丝毫没有料想到总统会来。事实上，他们也不曾另写邀请信，他也只收到一份印制的请帖。他们以为他的秘书大概会随手扔进废纸篓里去。

当他写信答复，说他要亲自参加仪式时，委员会为之一惊，同时也感到有点窘。这下怎么办呢？请他致辞吗？有些人说他也许太忙，无暇顾及，没有时间准备。还有人坦率地问："就算他有时间，他有没有那种本事呢？"他们深表怀疑。

不错，他曾在伊利诺伊作过一次政见演说，但是为了阵亡将士公墓落成典礼致辞呢？不，那是不同的，林肯的作风不是这样的。不过，既然他要来，总要有点表示。所以他们写信问他，在爱维莱特致辞后，他是否愿说“几句得体的话”，这是他们的措辞——“几句得体的话”。

这种邀请可说是近于侮辱，但是林肯还是接受了。为什么呢？在那背后有一段故事。前一年的秋天，林肯曾经看过安提坦战。有一天下午，当他和一位伊利诺伊的老友华德·拉蒙驾车出游，林肯便要求拉蒙，请他唱那首“悲哀小调”，这正是林肯爱听的歌曲之一。

“好多次，在伊利诺伊巡回出庭或在白宫里，当林肯和我独处时……”拉蒙说，“我每唱出那首平凡的歌曲，便常见他流泪。”

歌词这样写道：

倦鸟归林，旧里重临；儿时嬉地，大树成荫。
村人不识，谁知我心；廿年一日，怀我知音。
泉边榆树，尔留我名；伊人淑字，刻木同心。
伐者无情，枝折树倾；生离死别，魂牵梦萦。
白发苍苍，不堪回首；怀我佳人，忠贞自守。
聊表寸心，莳花美酒；此恨此情，天长地久。

如今拉蒙唱的时候，也许林肯又想起他唯一的爱人安妮·罗特利基吧！想起她孤眠在伊利诺伊草原上，荒芜的坟墓里，这些强烈的记忆，令他垂泪。于是拉蒙唱起幽默的黑人歌曲，将忧郁中的林肯唤醒。

这是当时的事实，那是无伤大雅，也很令人哀怜。但是林肯的政敌歪曲了事实，大造谣言，而设法要使这件事成为全国性的丑闻。他们将这件小事形容得粗劣不堪，纽约《世界日报》一连三个月，每天用不同的方式反复刊载。林肯被指责在“严肃的战场上，埋葬英勇的阵亡者时”，说笑话，唱滑稽歌曲。

事实上，他不曾说过笑话，也不曾唱过歌曲，这件小事发生时，他已远离战场，阵亡者早已安葬，这是事情的真相。但他的政敌不要事实，他们要挑拨，使全国发出野蛮的非难怒吼。

林肯心中很难受，每次读到这类指责的文章总令他痛心疾首，但他又不愿加以辩驳，因为这样反而会将事情闹得更大。于是他默默地忍受着。等到请他在盖茨堡公墓落成仪式中演说的机会时，他便欣然接受了。那正是他所期盼的机会，使他的政敌不得再胡说，他要对那些荣誉的阵亡者，表示他谦卑的敬意。

邀请来得太慢，令他只能在忙碌的两星期中抽空准备。一有空闲他就想，穿衣、剃胡须、吃午餐时，以及从史坦登的办公室到白宫的往返行程中，或是躺在国防部办公室的皮长椅上，等待最近的军事情报时，也在想。他在一张淡蓝色的大页纸上拟了一份草稿，然后塞进帽子里随身带着。在致辞前的那个星期日他说过：“我写了两三周稿，但还没写完，我还要再修改一次才算满意。”

在落成典礼的前一晚，他抵达盖茨堡，那个小镇上挤满了人群，人口由1300人突增为3万人。天气极好，明月高照，凉风徐徐吹来，成千上万的群众，都在村庄里散步，等候天明。人行道上挤得水泄不通，无法行走；于是成百的人，挽着手臂在那沙土街道上，边走边唱："约翰·布朗为国捐躯。"

林肯整个晚上都在修改他的讲辞。11点时，他走到隔壁西华德部长的房间，向他高声朗诵一遍讲辞，请他批评。翌晨，早餐后，林肯还是一直在修改，直到有人叩门通知他时候已到，该领队前往公墓了。

队伍刚出发的时候，他在马上坐得很直挺；渐渐地他的身体向前倾斜，头垂在胸前，手臂在两侧……他在沉思，复习他的讲辞，再加以修正……

当天特别被邀请的演说家爱德华·爱维莱特，犯了两件极不应该的错误。第一，他迟到了一小时；第二，他竟讲了两小时之久。

林肯读过爱维莱特的讲辞，当他听到演讲即将结束时，他知道该轮到自己了，但他的确感觉自己准备不够充分。他变得坐立不安、胆怯，从口袋中取出原稿，戴上他那副老式眼镜，赶紧地再温习一遍。

然后，他站起身来，手拿原稿，在两分钟内就讲完了。

在那个和煦11月的下午，人们是否晓得他们正在聆听一篇极伟大的演说呢？不，许多人只为了好奇，他们从未见过总统，也不曾听他演说，他们伸长脖子要看一看林肯，而且都感到奇怪，这样高大的人讲话时声音竟如此轻，还带有南方的腔调呢！他们忘记了他是出生于肯塔基州，所以带有家乡的口音。等到他们以为他讲完序言，开始正式的讲辞时，他已经坐下了。

怎么了？他忘了讲辞吗？还是他要讲的就只是这些呢？人们太惊讶！太失望了！竟忘鼓掌。

早年还在印第安纳时有好几年的春天，林肯曾用一把生锈的锄头锄土；但是泥土总爱黏在锄头上，弄得一塌糊涂。“不成！”——那是当地人的用语。林肯的一生中，常常引用这句麦田里的土话，来表示一件事的失败。他向华德·拉蒙说：“这场演说是大失败，‘不成’！群众都很失望啊！”

他说的对，连爱德华·爱维莱特和西华德在内，每个人都失望了，他们和总统坐在演讲台上，都深信他失败了，竞相为他惋惜。

林肯非常不快乐，急得头痛不已，在返回华盛顿的途中，他躺在火车的起居室里，用冷水敷头。

一直到死，林肯还是认为他在盖茨堡是彻底地失败了。事实上，若拿当时演说的效果来说，他的确是失败了。

他谦卑的天性，令他真的感觉这个世界将“不会留意也不会永远记住”他在盖茨堡所讲的话。假若他今日重生，也必然会大为惊奇，因为他认为“不成”的演讲辞，都是一般人最记得的一篇！当南北战争的一切渐被遗忘时，他那几千句名言，却永存不朽，被认为是文学上的珠玑。

林肯的盖茨堡讲辞，不只是一篇讲辞，那正是一个饱经困苦，而造就伟大灵魂的高尚表现。那是一篇极自然的散文诗，庄严美妙，抑扬顿挫：

八十有七年前
我们的祖先在这大陆上，
建立了一个新国家，
在自由之中孕育而成，
奉献致力一个理想；
凡人类皆生而平等。
现在我们正忙于内战，
为了要考验如此孕育，
如此贡献的国家或任何国家，能否长存。
今天我们在这个伟大的战场上相聚。
我们来此要将这战场的一部分土地，
奉献给那些为国家生存而捐躯的人们，
作为安息之处。
这固然是我们的责任和本分，
但从大处来看，
我们不能奉献——不应奉献——
也不配奉献这片土地。
曾在此地作战的英勇将士，
无论存亡，
所贡献的已远超过了我们尽力所能做的一切。
世界不会留意也不会永远记住我们在此所说的，

但绝不会忘记他们在此地所立的功绩。

我们这些存活世上的人，

应该将自己奉献给在此作战的将士所努力而未完成的工作。

我们应该将自己奉献给当前巨大的事业——

由这些光荣的阵亡者，

我们应获取对正义更深的信仰，

因为他们已为了正义贡献了最大的牺牲——

我们更当痛下决心，

不让死者做无谓的牺牲——

使我们的国家，

在上帝的领导下，

能重见自由再生——

并使这民有、民治、民享的国家。

不致灭亡——

24.

1861年战事开始时，在伊利诺伊州的伽勒纳镇的一家皮革店里，有位不修边幅而失望的人坐在一个皮箱上，抽着陶制的烟斗。到目前为止他只找到一种职业，就是会计兼农夫，收购猪和猪皮。

店主是他的两个弟弟，他们原是不肯雇用他的，然而好几个月来，他在圣路易的街上游荡，仍然没找到工作，妻子和4个孩子贫困无依。失望之余，他便借了几块钱，动身前往肯塔基州求父亲帮助。这个老家有不少钱，但因舍不得花用，于是写信给两个小儿子，嘱咐他们替哥哥找份工作。

于是，他们雇用了他，完全是为着家庭的和谐和施恩。

一天两块钱——这是他的工钱——这似乎超过他所应得的，因为他实在没有做生意的头脑。他又懒惰又不整洁，他爱喝玉蜀黍酿制的威士忌酒，他永远背了一身债。他经常向人借用小额的钱，后来，当他的朋友一看见他，总是赶忙走过对街，以免和他碰面。他毕生所做的事，结果总是失败和挫折。

这是以前，以后就不然了。

好消息和意外的好运气快要来临了。

不久他便光芒万丈，在荣誉的天空像彗星一般照耀！

当时在他的故乡无人尊敬他，3年后，他指挥一支了不起的军队。

4年后，他战胜李将军，结束战事，并且名垂青史。

8年后他进入白宫。

以后呢，洋洋得意周游世界，各国元首极力款待他，都要对他献上尊荣、勋章、鲜花，请他作餐后演说等等——而以前在伽勒纳时，人们看见他就向对街躲。

那是一个惊人的故事。

关于他的一切都很奇怪！连他母亲的态度都很不正常，她好像一直不喜欢他，当他做了总统后，她拒绝会见他。在他刚出生的时候，她也不替他取名字，倒是亲戚们用抽签的方式解决了这个问题，他们各人将自己喜爱的名字写在纸条上，扔进帽子里，然后抽出一个。他的祖母辛普生读了荷马的史诗，就在她的纸条上写了：“海蓝·尤利西斯（Ulysses）”，结果抽到了这张，这个名字他用了17年。

他天生怕羞，口齿迟钝，所以乡村中好事者称他“无用的格兰特”(Ussless Grant)。在西点军校时他还有一个绰号。替他填报文件，使他在军校里取得名额的那位政客，以为他的中间名字一定是他母亲的姓辛普生，于是就替他登记为U·S·格兰特。当军校同学晓得他的名字后，便大笑将帽子扔向空中，喊叫:“兄弟们，我们这里有位‘山姆叔叔’(Uncle Sam)咧！”从此以后，凡是和他在西点军校同班的军官，都称他山姆·格兰特。

他也不介意，他朋友极少，人家怎么称他，他也不在乎。他老是不修边幅，总是不扣上他的上衣、不擦枪、不擦鞋、点名时常迟到。他在西点军校时，并没有熟读拿破仑和腓特烈大帝所运用的军事学说，却专爱看《撒克逊英雄传》和《马喜坎族的最后遗民》。

有一件难以置信的事，就是他生平未曾读过任何一本军事策略的书。

当他胜利归来后，波士顿的人民筹款要赠送他一座图书室，委员会询问他到底已有了哪些书。出乎意料之外，委员会才发现他没有任何一本关于战略的书。

他厌恶西点军校及与军队有关的一切。等他成为举世闻名的将领后，有一次他在德国阅军时，向俾斯麦说:

“我对军事不大感兴趣，老实说，我实在是一个农人而不是士兵。虽然我参战了两次，每次入伍，我就感到不快；每次退伍，都非常高兴！”

格兰特承认自己最大的缺点是懒惰。他从来不爱读书，甚至从西点军校毕业后，他拼写Knocked时把开头的K漏掉，拼

Safety 少掉 e，不过，他算术还不错，而且希望做一个数学教授呢！但始终没有机会，所以他只得在军队里待了 11 年。他必须设法糊口，留在军队里是最简便的方法。

1853 年他驻扎在加利福尼亚州的洪德炮台。在邻近的一个乡村里，有一个奇特的人，名叫赖安。赖安开设一家店铺，又经营一家锯木厂，有空闲还替人测量，礼拜天他便讲道。那时威士忌酒很便宜，赖安牧师在商店后面，经常有一桶开好的酒，桶上吊个小锡杯，任何人想喝时，随时都可以去喝一盅。格兰特常常去喝，他很寂寞，很想忘掉他所厌恶的军队生活；结果呢？他屡次烂醉如泥，以致被军队开除了。

他既一文不名，又没有工作，只好又回到东部，在密苏里州他岳父的一所 80 英亩的农庄，耕种玉蜀黍喂猪有 4 年之久。冬天，他劈柴，拖运到圣路易城，卖给城里的人们。可是每年的收入愈来愈少，因此他不得不再向人借钱。

最后他离开农庄，搬进圣路易，在那边找工作。他想做房地产的买卖，但完全失败，在城里流浪几个星期，想找份工作——任何工作。最后到了穷途末路，只得把妻子的黑奴出租，赚些钱来支付杂货店的账单。

有一桩南北战争中最令人惊奇的事实：李认为蓄奴是错的，早在战事未发之前，就将他的黑奴解放了；但是格兰特的妻子，在她丈夫率领北军要求废止蓄奴制度时，还是拥有黑奴。

战争开始时，格兰特已厌倦了伽勒纳镇皮革店的工作，又想再回到军队里去。

这对于一个西点军校的毕业生来说，应该不难吧！因为那时军队里正在征募成千的新兵。但事实不然，伽勒纳镇组织一队志愿军时，格兰特却只能站在人行道上，目送他们远去。原来他们已经另选一位队长了。

于是，格兰特就写信给国防部，叙述自己的经历，请求被派为上校。他的信从未得到答复。等他做了总统之后，才在国防部的一堆卷宗里找到这封信。

最后他在春田市的副官办公室找到一份职业，做些十几岁女孩也能胜任的书记工作。他整天戴着帽子工作，不断地抽烟，在一张仅剩三只脚的破烂桌子上抄写命令，桌子靠着屋角，以免翻倒。

这时发生了一件意外事件，这件事便使他一举成名。当时，伊利诺伊州志愿军的第 21 军团已腐化成一群武装的暴徒。他们蔑视军令、咒骂长官，并将老顾德上校驱逐出营，发誓说，假若他再回来，就要剥他的皮钉在酸苹果树上。

叶特州长着急了。他并不认为格兰特是个人才，但他至少是西点军校毕业的，所以州长想试一试。在 1861 年 6 月，一个风和日丽的日子，格兰特走到春田市的操场，要接管那个无人可统驭的军队。

他手持一根棍子，腰间束着大红巾——这是他权威的唯一象征。

他没有马匹、没有制服，也没有钱去买这些。他那一顶汗渍斑斑的帽子上有好几个破洞，外衣袖子露出双肘。

他的士兵们立刻对他开玩笑，有一个家伙在他背后用拳打他，另一个又走到那个拳击家的背后，用力一推，使他向前倾，撞在格兰特身上。

格兰特立即制止了他们一切的胡闹。若有人敢违抗命令，他将整天被绑在柱子上。若是他开口骂人，就用东西塞住他的口。若是团里点名迟到——有一次果真全团如此——便 24 小时没有饭吃。这位伽勒纳镇收买猪皮的人，竟然驯服了他们暴躁的脾气，带领他们到密苏里打仗。

不久，他又走好运。当年，国防部滥派准将头衔。西北伊利诺伊州曾选派伊利·华士奔为国会议员。华士奔对于政治野心勃勃，总想对本州的父老们表示他有办法，于是他就到国防部要求他的辖区内至少有一个准将。好吧！但有谁呢？那很简单，在华士奔的选民当中，只有一个人是西点军校的毕业生。

过了几天之后，格兰特拿起一份圣路易的报纸，看到这件令人惊喜的消息，他已晋升为准将了！

他被派驻伊利诺伊州西罗的司令部，立刻开始工作。他将军队用船运往俄亥俄上游，占领了肯塔基州的一个重要战略据点帕度加；而后直下田纳西州去攻打那个控制着甘巴兰河的铜立城炮台。哈莱克一流的军事专家们都说：“乱讲！格兰特，你简直在开玩笑！这是不可能的，这样尝试无异是自杀！”

格兰特不顾一切，他去尝试了，成功了，一个下午便夺取了炮台，并且俘虏了 1.5 万人。

格兰特进攻的期间，南方联盟的将军送来一份短笺，请求讲和，要谈投降的条件，但是格兰特毫不客气地回答：

“我唯一的条件是南方联盟无条件地立即投降，否则我提议立刻攻城。”

收到这份短笺复函的南军将领西门·巴克那，原是格兰特在西点军校的旧识，当初格兰特被军队开除时，还向他借钱付积欠的房租呢！看在借款的份儿上，巴克那认为格兰特至少在措辞上应该客气些；但是巴克那还是原谅了他，而且终于投降，整个下午和格兰特抽烟斗叙谈旧事。

铜立城炮台失守，影响极大，使北方保住了肯塔基州，北军得以安然进军 200 英里，将南军逐出田纳西州的大部分，切断他们的接济，造成那士维的陷落，以及素有“密西西比河上的直布罗陀”之称的哥伦布堡的失守，使南方的士气低落；而在北方则使缅因州到密西西比州的教堂鸣钟不已，火焰连天。

那是一次令人惊异的大胜利，欧洲人都大为佩服。这一仗真是战争的转机！

从此，U·S·格兰特就被称为“无条件投降”格兰特，而“我提议立刻攻城”变为了北军的口号。

全国所期望的大将终于出现了，国会晋升他为少将，派他为西田纳西军部的司令官，不久便成为全国的偶像了。有家报社写到他在打仗时喜欢抽烟，立刻就有上万盒的烟送到他面前。但不到三个星期后，格兰特却因一位妒忌他的上级军官给他极不公平的待遇，而愤怒不已！

他在西部的直属上司便是哈莱克，一个莫名其妙的笨驴，海军上将富特称哈莱克为“军事上的白痴”，林肯的海军部长基甸·韦尔斯，和哈莱克极熟，给他写下这样的评语：“哈莱克毫无才智、毫无希望、毫无建议、毫无计划、毫无决断、毫无用处、一事无成，只会骂人、抽烟和搔手肘。”

但是哈莱克自命不凡，他曾在西点军校当过副教授，写过有关军事策略、国际公法以及冶矿学的书籍，当过银矿的经理、铁路局长，也是个有地位的律师，精通法文，曾翻译关于拿破仑的书。在他自己看来，他是著名的学者——亨利·华格·哈莱克。

格兰特算什么？只是个无名小卒、酒徒、被革职的军官。当格兰特在进攻铜立城炮台前来见他的时候，哈莱克显得非常无礼，十分藐视、厌恶地将他的军事建议置之不理。如今格兰特已获得一次大胜利，全国崇拜他；而哈莱克依旧在圣路易搔他的手肘，无人理会，备受轻视，这下可恼怒了哈莱克！

更糟糕的是，他觉得这位曾经收买猪皮的人在侮辱他。他每天拍电报给格兰特，而格兰特竟然不理他的命令。至少，哈莱克是这么想。其实他错了！格兰特写了不少的报告给他，却因铜立城失守致使电信截断，无法互通讯息。哈莱克并不晓得这事，他大怒！胜利和人民的爱戴使格兰特昏了头吧？好吧！非请这位年轻小伙子吃点苦头不可。于是他接二连三地与马克廉通电话，不断地毁谤格兰特。格兰特这样，格兰特那样——无礼、狂饮、懒惰、藐视命令、低能。“我为他的不听命和低能，已感到厌倦和疲惫了。”

马克廉本来就嫉妒格兰特的名望，因此他复电给哈莱克一份南北战争中最令人不解的电报：“假如是为了职务上的需要，不必犹豫，尽速拘捕他（格兰特），改令G·F·史密斯统率军队吧！”

哈莱克立刻夺去了格兰特的兵权，令他降级为阶下囚，然后靠在椅背上，搔搔手肘倍感得意。

战争已历一年，而唯一为北方军队赢得胜利的将军，却莫名其妙被人夺去军权，并且当众侮辱。

后来格兰特又复职，然而他却在西罗战役造成悲惨的大错。假若南方盟军的将领约翰斯顿在战争中，不曾因失血过多而阵亡时，也许格兰特将全军覆没而就擒了。西罗之战是当时了不起的战役，而格兰特的损失惊人——1.3万人。他因处置失当曾遭袭击，他该受到指责的，许多指责临到他头上。他被诬告曾在西罗酩酊大醉，几百万人都信以为真。群众狂怒的浪潮弥漫全国，民众要求把他革职。但是林肯说道：“我不能辞去这个人，他善于打战。”

当人家告诉林肯，格兰特喝威士忌酒过量时，他却反问：“是什么牌的？我正想送几桶给另外的几个将军呢！”

第二年的1月，格兰特受命远征维克堡。这一所天然的要塞，高居密西西比河面上200英尺处的高耸绝壁上。这两段路费时且困难重重，城中防卫森严，河上的炮舰，因为弹力不足无法开炮射击，格兰特的困难是要如何使军队挨近它，而加以攻击。

他回到密西西比河心地带，想由东面进攻，但那个计划失败了。

于是他决定断了河上的堤防，让他的军队坐上小船，渡过沼泽地带而从北面进攻，但又失败了。

然后他挖掘一条运河，想改换密西西比河的河道，也失败了。

那时正是严冬，不停地下雨，河水泛滥整个河谷，格兰特的军队在沼泽地带、湿地、河水支流、凌乱的树林中和蔓延的野藤中挣扎着。泥沼高至腰部，他们在泥沼中吃饭，在泥沼中睡觉。疟疾流行，又有麻疹和天花。卫生设施根本谈不上，死亡率高得骇人！

维克堡之役是失败了！到处都有这个呼声。是一场愚蠢的失败、悲惨的失败、近乎犯罪行为的失败！

格兰特的亲信将军们——雪曼、麦克法逊、罗干、威尔逊——都认为他的计划是荒谬的，并深信必然惨败。全国的报纸都大肆讽刺，人民都要求格兰特辞职。

“除了我以外，他是没有朋友了。”林肯说道。

不顾一切的反对，林肯始终支持格兰特。他的信心终于得到了善报，7 月 4 日，密特将军在盖茨堡让李将军逃回南方的同一天，格兰特骑着一匹从杰佛逊·戴维斯农庄上取来的马，冲进维克堡，而打了一次大胜仗，自华盛顿以来，美国将军还不曾如此大胜。

经过 8 个月的大胜后，格兰特在维克堡俘虏了 4 万人，整个密西西比河都归入北军手里，而且把南方联盟截为两半。

这桩消息令全国上下大为兴奋。

国会通过特别法案，晋升格兰特为中将——自华盛顿死后，一直没有人得过的一项荣誉——林肯邀请他来白宫，作了一次简短的演说，任命他为联邦军的总司令。

事先已知在就职时他必须致答谢辞，格兰特从口袋里抽出一张发皱的纸条，只有三句话。他开始宣读时，纸就在手里颤抖，脸颊发红，双膝发抖，怎么也读不出声音来。他只好以双手紧抓住那张颤抖的纸，深深地吸一口气，然后重新再读。

这一位伽勒纳出身的“猪肉和皮革收买人”，觉得面临枪林弹雨，比起在 11 个人面前作一次答谢辞要容易得多。

林肯夫人，一心一意要使格兰特在华盛顿的期间热闹一番，已经安排了宴客和晚会，要为这一位将军洗尘。但格兰特辞谢了，说他必须赶回前线。

“可是我们不能让你离开啊！”总统坚持着，“林肯夫人的晚宴若没有你在座，就好像《哈姆雷特》的剧中没有哈姆雷特出场一样了。”

“我吃一顿晚饭，”格兰特答道，“国家一天要损失 100 万元。而且，我已经受够了这些排场了！”

林肯就爱说直话的人——一个像他自己一样，讨厌“热闹马车和烟火”的人，一个“负起责任苦干”的人。

林肯的希望日增，他深信，有了格兰特将军，一切将顺利成功。

但是他错了。4 个月后，国家又陷入比从前更黑暗更失望的地步，林肯又再度彻夜不眠在房间里踱来踱去，憔悴、疲乏，并且绝望……

25.

1864 年 5 月，得胜的格兰特带着 12.2 万人，冲过了莱比旦河。他想要打尽李将军的军队，立刻结束战争。

李在北维吉尼亚的“旷野”和他会战。这个地方真是名副其实，起伏不平的山冈，潮湿低地的一片丛林地带，长满着松树和橡树，下方矮树丛生，连一只小野兔都难以钻过。在阴暗纠结的丛林里，格兰特打了一场险恶的血战。屠杀惊人，丛林也着火，成千成百的伤兵都丧身火窟。

第二天晚上，连这位不易激动的格兰特也感觉受不了，回营安寝时他哭了。

但是每次作战后，不管战果怎样，他总是下同样的命令：“前进！前进！”

血战的第 6 天，他发出这著名的电报：“我提议，在这条阵线拼到底，拼一个夏天好了。”

喔！不但花了整个夏季，还加上一个秋季，一个冬季，直到第二年的春季。

格兰特所带的士兵有敌方的两倍多，而且北方人力充足，随时可以补给，然而南方却几乎是兵尽力穷了。

“那些叛军，”格兰特说，“大半是老弱残兵。”他认为结束战争的唯一且迅速的方法，就是继续屠杀南军，直到李将军投降为止。

就算两个北军对一个南军又怎样呢？格兰特能够立即增援补缺，但李却不能。于是格兰特继续不断地炮轰、射击李的军队。

在6个星期内，他损失了24926人——和李所带的军队相等。

在冷港一小时内他就损失了7000人——比在盖茨堡三天的战役中双方死去的总人数还多1000人。到底这样惊人的损失有什么好处呢？

我们只好请格兰特自己来回答：“什么也没有。”那是他的结论。

冷港的进攻是他平生最大的错误。像这样的杀戮实非普通人的精神或肉体所能承受。于是军心大溃！士兵们几乎都要造反，连军官也准备抗命。

“已是第36天了，”格兰特的一位军官说，“在我眼前是一队继续不断的送丧行列。”

林肯虽然也感到伤心至极，但他知道除了继续战斗以外，便别无他法了。他打电报给格兰特，要他“像一只猛犬般一口咬住扼杀到底”，然后下令再征召100万民兵，服役一年至三年。

这道命令使全国哗然，整个国家笼罩在绝望的阴影中。

“如今一切都是黑暗、怀疑和失望。”林肯的一位秘书在日记里写道。

7 月 2 日国会采纳了一件决议案，颇像旧约圣经中希伯来先知们的哀歌。呼吁国人“承认并悔改这一切罪恶，恳求上帝的怜悯和饶恕，并哀求这位世界的最高主宰，不要毁灭我们国家的人民。”

南北两方一致痛骂林肯，他被谴责为篡位者、卖国贼、独裁者、魔王、怪物，“一个残酷的屠夫，视杀人如儿戏，要更多的牺牲者上他的屠宰场。”

有些恨他的政敌都说他该杀。一晚，正当他骑马前往他的夏季总部“士兵之家”时，一名自称刺客者朝他开枪，子弹居然穿过了他的丝质高帽。

数星期后，宾州米得维尔一家旅馆的主人，在玻璃窗上，发现了一行刀刻的字句：“1864 年 8 月 13 日亚伯拉罕·林肯因服毒致死。”这个房间在前一晚是一位当时著名的演员约翰·威尔克·布斯所住过的。

6 月间，共和党曾提名林肯再度竞选总统。如今他们觉得做错了，这是个严重的错误。党里几位有地位的人物力劝林肯退出竞选，有人更不客气地如此要求。他们想再次召开另一次会议，取消他的提名，而另推一个得票较多者代替。

连林肯的挚友奥维尔·布朗宁也在 1864 年 7 月的日记里写道：“国家急切需要的是一位干练的领袖来总揽一切政务。”

林肯本身也认为自己是毫无希望了，他根本就不做第二次竞选的打算。他是失败了，他的将军们失败了，他的战略失败了。人民对于他的领导才干失去了信心，他怕联邦本身亦将惨遭毁灭。

“甚至上天，”他叹道，“也是黑幕低垂！”

终于，有些激进派的人，恨透了林肯，另召开一次大会，提名一位风头人物约翰·佛烈门为候选人，共和党因此分裂了。

这情势很严重。无疑，假若佛烈门后来不自动退出选战，那么民主党的候选人马克廉便可对付分裂的反对党而获胜，以致国家的历史也将改观。

甚至佛烈门退出后，林肯也仅比马克廉多20万票而已。

不顾人民如何讥讽责骂，林肯还是默默地尽力做，不作任何辩白。

“我希望，”他说，“如此用心良苦的处理政务，等到我卸任之后，即使我失去了世间所有的朋友，但是至少我还剩下一个朋友——这个朋友深藏在我的内心里……我不能保证一定会胜利，但我能保证绝对忠实。我不能保证一定成功，但我能保证遵循真理行事。”

疲倦又沮丧，他常独自躺在沙发上，拿起了《圣经》翻阅乔布章，寻求安慰：“像大丈夫一般，振作起来；这是我的吩咐，你当服从。”

在1864年的夏天，林肯变得判若两人，和三年前来自伊利诺伊州草原上那位体格魁梧的巨人比起来，精神和身体都大不相同。他的笑容一年比一年少，脸上的皱纹更深，双肩弯垂下来，双颊凹陷；常闹胃病，双脚常发冷，不能安眠，经常带着一副愁容。他对一位朋友讲过：“我觉得我是不会再快乐了！”

名雕刻家奥格斯都·圣高甸看到1865年春天人民替林肯塑造的石像时，他居然以为那是一副死亡石像呢，因为在他的脸上留有死亡的痕迹。

名画家卡朋特，为了要画《解放宣言》的画面，而在白宫里住了好几个月，曾经写过：“旷野之战的第一周，总统几乎没睡过。有三天我走过通往内宅的长廊时，遇见他穿着一件晨衣，踱来踱去，双手放在背后，双眼下面有黑圈，头垂近胸前——一副悲伤、忧虑和焦急的画面……有许多天，我望见他那满布皱纹的面孔时，就情不自禁地哭了。”

客人们常见他颓废地倒在椅子上显得筋疲力尽，他们向他招呼时，他不抬头也不说话。

“我有时候想，”他说，“那群天天来访的客人，每个人都在对我伸手，夺走我一部分的精力，扬长而去。”

他告诉史杜威夫人，即《黑奴吁天录》的作者，他这一生是看不到和平了。

“这场战争会将我折磨死。”他说。

他的朋友见他如此颓丧，大为惊恐，力劝他休假几天。

“两三周的休假对我是无益的，”他回答，“我躲不过我的思想，我几乎不知道该如何休息，令我疲惫的苦痛仍在我的心中。”

“寡妇和孤儿们的恸哭声，”他的秘书说，“常在林肯的耳朵里。”

老母、情人、妻子，哀求啼哭，天天蜂拥到他面前，要求他特赦那些已被判死刑的人。无论他如何筋疲力尽，林肯总是聆听他们的诉说，多半允许她们的要求，因为他不忍见妇女哀哭，尤其不忍心见她们抱着一个啼哭的婴儿。

“等我死后，”他叹道，“希望人民提起我时会说：‘无论在什么地方，当他拔去一枝荆棘后，若认为花能生长时，就种下一枝花。’”

将军破口大骂，史坦登则怒气冲天：林肯的宽容破坏了军纪，他不可再干涉这事。其实林肯恨透了准将们的残酷手段和正规军的专制。另一方面，他爱惜那些他所赖以获胜的志愿军——那些人，和他一样，来自森林和田野。

有人因胆怯逃跑而被判枪毙时，林肯愿意赦免他的罪！他说：“假若我自己上了战场，我也不敢保证我是否能不弃枪而逃。”

有志愿兵因想家而逃跑时，“唔，我看不出枪毙对他有什么好处！”

有个筋疲力尽的佛蒙特州的农家子弟，因放哨时睡觉而被判死刑。“或许我自己也会犯同样的错误呢！”林肯总是这样说，也是赦免了他。

他的特赦名单已可以列成好多书页。

他曾打电报给密特将军：“我绝不愿意让18岁以下的男子被枪毙。”当时北方联军中至少有100万名士兵是18岁以下的。事实上，有20万名士兵在16岁以下，又有10万名士兵在15岁以下。

有时总统会在严肃的文件中，插进一些幽默语。例如，给摩根上校的电报时说：“假如你还没有枪毙巴尼，赦免他吧！”

那些丧子的母亲们的忧伤使林肯深感悲痛。在1864年11月21日，他写了一封一生中最美丽而著名的信。牛津大学将这封信的副本悬挂在墙上，作为“有史以来最纯正最优美的文体模范”。虽然写的是散文体，在字里行间都像是带有谐音的诗歌。

致马萨诸塞州波士顿市毕克斯比夫人：

适由国防部的案卷中，得阅麻省国军司令报告，惊悉夫人5个爱子，都已壮烈阵亡。

仆知简陋之词，绝无法抚慰夫人悲痛之情于万一。然而，

令郎等为国捐躯，仆略表国人尊崇感激之意，

慰藉慈母之哀思。仆当祈求天父抚慰夫人创痛之心；

而遗以挚爱之回忆与神圣之光荣。盖音容虽邈，浩气长存，

夫人能以如此珍贵的牺牲，奉献于自由之祭坛上，当足以自傲矣！

亚伯拉罕·林肯敬上

1864年11月21日书于华盛顿行政大楼

有一天挪亚·布鲁克斯送林肯一本霍姆斯的诗集。林肯打开书，便开始大声朗诵“勒先顿”这首诗，但是当他读到下面一节：

无名将士长眠处，
寂寞无人草自春。

他的声音颤抖，几不成声，而将书递还布鲁克斯，他低语道：“你念吧，我念不下去了！”

几个月后，他在白宫里对朋友们背诵整篇的诗，一字不差。

1864 年 4 月 5 日，林肯收到宾州华盛顿郡的一位伤心女郎的信。“由于恐惧害怕使我迟疑了很久，”她开始写道，“如今我决定要向你诉说我的烦恼。”原来，和她订婚几年的男友从军去了，后来他获准回乡参加选举投票，而他们两人，如她所说的，“在婚姻的事上做得太傻太随便。”如今“放纵的结果将使我们成为不合法的家庭，假如你不怜恤我们，给他休假以弥补已往的过失……我期望并祈祷上帝，求你不要因轻视或恼怒而把我弃之不顾。”

读完这封信之后，林肯深受感动。他对着窗外凝望，视而不见，眼眶中含着泪水……拿起笔，林肯就在那女子的信后批了几个字给史坦登：“无论如何，送他回她身边。”

1864 年可怕的夏天总算结束，秋天带来了好消息：雪曼夺取了亚特兰大，正向乔治亚进军。法拉格特海军上将，经过一场激烈的海战后，占领了木比耳湾，加强了墨西哥湾的封锁。雪利敦在施南多亚谷打了一场精彩的胜仗。李将军已不敢公然出兵。于是格兰特便对彼得斯堡和李奇蒙进行包围……

南方联盟快要垮台了。

林肯的将领们开始占上风，他的政策被证明是可行的，北方的士气又勃然而兴；因此，在11月他被选为连任总统。但林肯并不认为这是他个人的胜利，只是简单说道，人民显然认为“在渡河时换马”是不聪明的。

4年的战争后，林肯并不怨恨南方的人。他常说：“你们不要批评人，免得被人批评。我们如果在他们的处境，也会和他们采取相同的行动。”

在1865年2月间，南方联盟已濒临崩溃，李将军也在两个月后投降，林肯建议联邦政府付给南方各州400万元，作为他们解放奴隶的代价；但每位阁员都加以反对，以致林肯只得放弃。

次月，趁着第二任就职时，林肯发表了一篇演说，这篇演说辞被牛津大学的名誉校长克松伯爵称为“人类修辞中的纯金，不，近乎神的修辞。”

走向前，低头吻一下翻开在以赛亚第五章的《圣经》，他便开始讲一篇好似名剧中的主角所讲的演说辞。

“就像一首神圣的诗，”卡尔·修斯写道，“从来没有一位元首对他的人民讲过这样的话，（美国）从来没有一位总统在内心深处藏着这一类的字句。”

这一篇演说的结尾，在作者看来，是人类语言中最高贵最优美的词句。每次念时，总令我想起在一间宏伟的教堂中，那暗淡的灯光下，风琴的抑扬音调。

我们以爱心来希望——我们热切地祈求——愿这场天谴的战争能迅速结束。但若上帝的旨意要它继续下去，直到250年以来，那些得不到酬报的奴隶们流血流汗所堆积的财富为之丧尽，直到每一滴因鞭笞而流出的血，都由另一滴因剑而流出的血来偿清为止。三千年前所说的这句话，现在仍适用：“上帝的审判是全然真实而公正的。”

永无恶意，慈悲待人，坚信公理。让我们一起努力奋斗来实现我们未完成的工作，要为国家裹好伤口，善待那些为国作战的人以及他们的孤儿寡妇——力尽本分，使我们国家以及世界各国能建立并维持一种公正与永久的和平。

整整两个月以后，这篇讲辞在春田市林肯的安葬仪式中，重读了一周。

26.

1865年的3月下旬，在维吉尼亚州李奇蒙，发生了一件很有意义的事。

杰斐逊·戴维斯夫人，即南方联盟总统夫人，卖掉了她拉车的马，把她的私人财物寄在一家杂货店里出售，收拾起剩下的行李，搬往更南方……总有什么事情要发生了。

格兰特围攻南方的首都已有9个月了。李的军队褴褛饥饿，钱领的少，他们很少领到薪饷；即使领到薪饷，也只是南方政府的纸币，几乎不值钱。买一杯咖啡就要3块钱，5块钱才能买一根木柴，而一桶面粉则索价1000块钱。

脱离联邦是失败了，蓄奴制度也崩解，李将军晓得，他的士兵们也晓得。已有10万名士兵逃亡，整团的军队收拾一切离去。那些留下来的人们转向宗教寻求安慰和希望，每个营里都有祷告会，士兵们在呼喊、哭泣、看星象，整团的军队在上阵以前都先跪下来祷告。

尽管如此虔诚，李奇蒙还是渐渐陷落了。

在4月2日星期天，李的军队放火烧城里的棉花和烟草仓库，焚毁兵工厂，破坏船坞中未完成的船只。晚间，火焰冲天，他们从城中逃出。他们刚刚离城，格兰特便率领7.2万人，从两侧和后面追来，雪利敦的骑兵在前面截击，掘起铁路，并抢夺补给列车。

雪利敦给总部拍电报："我想若是继续追击，李必定投降。"

林肯回电："继续追击。"于是继续追击；格兰特在追赶80英里后，终于将南军四面包围。他们已落入陷阱，李知道再流血也无济于事了。

这时，格兰特因头痛欲裂，落脚在一家农舍休息，那天是星期六下午。

"我整个晚上，"他在回忆录记载，"用热水和芥末洗脚，两腕和后颈部也敷上芥末膏，希望明天早晨可以痊愈。"

第二天早晨，他霍然而愈。但那不是芥末膏的功效，原来有人飞骑送来了李的一封信，说他要投降了。"送信的军官来时，"格兰特写道，"我的头还是痛得很厉害，但我一读完信，立刻就好了。"

两位将军当天下午在一所砖造的简陋房间里会谈，讨论条件。格兰特照例不修边幅，皮鞋肮脏、没有带刀、他所穿的制服和大兵们一样——只是他在肩膀上挂着三颗银星，表示他的身份。

他和贵族化的李成了强烈的对比，李将军的手套镶着珠子，佩剑上嵌着珠宝，李看上去好像从铜版雕刻画里走出来的尊贵战胜者；而格兰特却像是密苏里州的农夫，到城里来贩卖猪和皮革似的。这一次，格兰特也自惭形秽，他为了不曾穿戴整洁来赴会而向李道歉。

20 年前，格兰特和李两人参加墨西哥之战时，都是正规军官。于是他们谈起多年前的日子，正规军在墨西哥边界度冬的情景，通宵的牌战，他们演出《奥塞罗》的戏剧时，格兰特演女主角“黛慕娜”等等的事。

“我们愈谈愈有趣，”格兰特说，“我几乎忘了我们会谈的目的。”

终于，李把话转到投降的条件上；而格兰特在简略作答后，又重回旧话，回忆 20 年前的往事，1845 年冬天的基督圣体节，野狼在草原中凄嗥……日光在波浪上炫耀闪烁着……3 块钱可买一匹野马等等的事。

假若不是李第二次打断他的话题，再度提醒他，他是来谈军队投降，也许格兰特整个午就这样一直话旧下去呢！

于是，格兰特潦草地写下投降条件。不像 1781 年华盛顿将军在约克镇，对英国人所要求的令人耻辱的投降仪式，缴械后的敌军须在两列狂喜的得胜者之间走过。没有报复的行为。4 年来的血战，北方的激进分子要求吊死李将军和其他叛国的西点军校毕业的军官；但是格兰特的条件毫不伤人，李的军官们获准保留他们的军械，士兵则释放回家；于是南方的士兵，各寻骡马，回到自己的农庄或棉花田去重整家园。

为什么投降的条件如此宽大和平呢？因为亚伯拉罕·林肯亲笔列述条文。

于是，这场50万人伤亡惨重的战争，终于在维吉尼亚州的小村落阿波麦托法院，正式结束了。一个风和日丽，花香飘散的春天下午，举行投降仪式，那天正是棕榈节（复活节前的星期日）。

当天下午，林肯正好搭乘“河上女皇”号船返回华盛顿。在船上他向朋友们朗诵莎士比亚的作品数小时，读到《麦克白》中这一段：

邓肯已入坟；
经过人生阵阵热病后，他已熟睡；
叛逆已下其毒手；刀剑、毒药、
奸仆、敌国战争、任何事物，
再不能伤害他了。

这些词句使林肯深受感动，他再读了一遍，然后停止，目光由船上的圆窗向外凝望、沉思。然后他再继续朗诵。

5天后，林肯就去世了。

27.

我们必须追述一些往事，因为我要告诉各位，一件在李奇蒙陷落前发生的惊人事件——这一事件活生生地刻画了 25 年来林肯所忍耐的家庭烦恼。

事情发生在格兰特总部的附近。这位将军曾经邀请林肯总统及夫人，和他一起在前线度过一个星期。

他们很乐意来，因为林肯已是精疲力竭。自从进入白宫以来，他未曾休假过，而且他也极想躲避那些谋职的人群，自他当选连任后，他们又来烦扰不休。

因此，他和林肯夫人便搭乘“河上女皇”号，驶入波多马克河下游，经过启沙比克湾，又经过旧安适角，驶入詹姆士河而到达市角。就在 200 英尺高的绝壁上，坐着那个从前在伽勒纳镇收买皮革的人，抽着烟斗，削木头为戏。

几天后，总统有些来自华盛顿的贵宾，也来参加盛会，其中有法国公使赵佛乐。很自然的，那些贵宾都极想参观在12英里外，波多马克河区陆军的战线；次日，大家准备出发了——男子骑马，林肯夫人和格兰特夫人乘了一部半敞开的马车随行。

亚当·巴德将军——格兰特的军事秘书、随员及挚友，受命护卫两位夫人。他坐在马车前排的座位，脸对着她们，背向着马。他目睹全部事情的经过，这是摘录自他所著的《格兰特平时生活》一书，350页到362页的记载：

在谈话中，我随意提到前线所有军官的内眷，都奉令要退往后方——这显然表示不久将有大战。我说到所有的眷属都必须离去，只有格利芬夫人例外，因为格利芬夫人曾得总统特准。

林肯夫人动怒了。“先生，这是什么意思？”她嚷道，“你是说她可以单独见总统吗？你不知道我不许总统单独接见任何女子吗？”

她非常气愤可怜又丑陋的亚伯拉罕·林肯。

我试着安抚她，并且减轻我的语气，但她已经相当气愤了。“先生，你那个微笑就非常可疑，”她嚷叫起来，“立刻让我下车！我要问问总统，他是否单独接见那个女人？”

格利芬夫人，后来是伊斯特海兹伯爵夫人，是华盛顿最有名又最优美的女人，出身名门，又和格兰特夫人相识。格兰特夫人努力想使这位激愤的妻子平静下来，但始终无效，林肯夫人又命令我喊住车夫，当我犹豫不决时，她竟伸出手臂一把抓住了车夫。最后格兰特夫人总算劝服了她，等全体下车后再说……

晚上，我们回到营幕后，格兰特夫人和我谈起这件事，又说这件事太不礼貌了，所以我们两人都不可再提起；至少，我要绝对保持缄默，而她也只想对将军提一提而已。但是第二天已不必受到约束了，因为有更糟糕的事发生了啊！

这个参观团，次晨又去看欧特将军所指挥在詹姆士区的军队。依然照昨日的安排。我们先搭乘汽艇往上游去，而后男子骑马，林肯夫人和格兰特夫人乘车。我仍奉命护送，但我请求要多加一个同伴；因为有了一次经验以后，我不愿独自随车而行。于是霍勒斯·波德奉命随行。欧特夫人陪同她的丈夫，因为她是总司令之妻，所以不必遵命撤退；然而我确定，当晚她必定后悔而希望自己是在华盛顿，或其他远离军队的地方。她骑马，因为车上已坐满。有一阵子她在总统的旁边骑行着，因此就走在林肯夫人的前面。

当林肯夫人发现时，立刻怒不可遏。“这个女人是什么意思？”她嚷叫起来，“竟然骑在总统旁边？又走在我的前面？她以为他需要她陪伴吗？”

她极其愤怒，致使言语行动都显得太过火了！

格兰特夫人只得再加以劝慰，然而林肯夫人也生格兰特夫人的气；波德和我所能做的，就是不要再使事情扩大。我们深怕她会跳下车，向着队伍大嚷大叫啊！

有一次，她在车里对格兰特夫人说：“我看你是自以为会进白宫的，不是吗？”格兰特夫人非常平静而有尊严的，仅回答她对现在的地位至感满足，已超出了她所期望的地位。但是林肯夫人嚷道：“噢！你若能得到，最好还是争取吧！那是很舒服的呀！”说完这话之后，又再度指责欧特夫人，格兰特夫人只得冒着触怒林肯夫人的危险，为她的朋友辩护。

休息的时候，西华德上校——国务卿的侄子，也是欧特将军的部下，想说几句轻松的话。“总统的马非常殷勤啊，林肯夫人。”他说，“它总是要在欧特夫人的旁边走。”

这无疑是火上加油了。

“你这句话是什么意思，先生？”她嚷道。

西华德发觉他闯祸了，但幸好他的马立刻出了毛病，不得不留在后面，而逃出了这场风波。

终于全体到达目的地。欧特夫人来到车旁，林肯夫人便对她加以侮辱，在一群军官的面前谩骂她，并且质问她追随总统是什么意思。这个可怜的女子竟放声大哭，问她犯了什么错误，然而林肯夫人还是不肯罢休，一直大吵大闹，到她疲倦为止。格兰特夫人还极力帮她的朋友辩护，每个人都大感愕然！但一切风波总算结束了，过了一会儿，大家便回市角。

那天晚上，总统和夫人在汽艇上设宴招待格兰特将军和夫人，以及将军的幕僚。当着我们的面，林肯夫人向总统大骂欧特将军，极力主张必须将他革职，因他不配有这地位，她说，他的妻子更不配。格兰特将军坐在旁边，勇敢地为他的军官辩护，当然，欧特将军没有被革职。

在这次旅行中，类似的情形发生多次。因为格利芬夫人和欧特夫人的缘故，林肯夫人当着众多军官的面，不断抨击她的丈夫。我从来没有因一个朋友，而受过比这个更难堪的苦楚，我冷眼看着一国元首，在这危急关头担当着全国的一切责任——还要当众忍受着无法形容的大耻辱。他简直和基督一样凡事忍受；但是痛苦抑郁的表情却令人为之心碎！而外表又依然庄严平静。他仍然质朴地喊她“母亲”，用目光和语调哀求她，努力想为别人的过失说情或解围，结果她好像一只母虎似的攻击他，他只得走开，藏起那高贵但丑陋的脸，免得我们看见他的悲痛表情。

雪曼将军也目睹了这几件事，多年以前在他的回忆录里也提起这些事来。

巴恩斯舰长也是一个受窘者，巴恩斯陪同欧特夫人参加那次不幸的旅行，而事后他拒绝指出欧特夫人有什么错，林肯夫人就永远怀恨在心。一两天后，他因公事去见总统，当时林肯夫人和某些人也在座。总统夫人对他出言无礼，在座的人都听到了。林肯默默无语，但过一会儿，他走到这位年轻舰长前，挽起他的手，带他到书房里，说是要给他看一份图表。巴恩斯告诉我，他不曾提起发生的事情，他不能责骂他的太太；但是他表示歉意，也对这位军官表示敬意。他的态度依我看来，实在是高尚而有修养啊！

在这些事件发生前不久，史坦登夫人曾来参观市角，我偶然问起有关总统夫人的一些问题。

“我和林肯夫人是不来往的。”她回答。

我想我一定听错了；国防部长夫人当然会去访问总统夫人的。于是，我又再问一遍。

“听清楚，先生，”她重复地说，“我是不到白宫去的；我不拜访林肯夫人！”我和史坦登夫人不熟悉，而这次谈话如此唐突，以致我永不忘怀；但是后来我当然明白了。

林肯夫人依然对格兰特夫人无礼，她总想劝慰林肯夫人，然而这一来更使林肯夫人恼怒不已。有一次她居然责骂格兰特夫人不该在她面前坐下。“你怎么敢坐下？”她说，“我没请你坐下呀！”

伊利莎白·吉克雷夫人，某次陪同林肯夫人去参观格兰特的总部，讲到总统夫人在“河上女皇”号举行的晚宴——

有一位来宾是年轻的军官，隶属于卫生委员会。他坐在林肯夫人旁边，开玩笑地说道：“林肯夫人，你应该去看看那一天总统凯旋进入李奇蒙的情况啊！他是众目之标的。妇女们都挥手送飞吻给他，摇着手帕向他招呼，他被这些年轻妇女团团围住，他是她们心目中的英雄啊！”

这位年轻的军官突然闭嘴，满面窘态。

林肯夫人怒眼瞪着他，并说他那不拘小节的言行使她讨厌。

跟着是一场大闹，我想这位惹林肯夫人生气的上尉，是永远也忘不了的！

“我一生从未见过比她更古怪的女人，”吉克雷夫人说，“找遍全世界，也没有与她相同的人。”

“你碰到任何一个美国人，都可以问：‘林肯的妻子究竟是怎样的一个女人啊？’荷诺丽·威尔西·慕洛女士在《玛丽·托德·林肯》书中说，”大概有百分之九十九会回答，她是个泼妇、是丈夫的祸根、粗俗的蠢人、是个疯子！”

林肯毕生的悲剧，不是他被暗杀，而是他的婚姻。

当布斯开枪时，林肯并不晓得是怎么回事，但23年来，他几乎每天都坐食赫登所谓的“不幸婚姻的苦果”。

“在党的斗争和叛乱之战的大风暴中，”巴德将军说，“在极度苦难下……犹如十字架的苦难……家庭的悲惨，如牛膝草一般压到他的唇上，而他也说：‘天父啊！赦免他们，因为他们不知道他们所做的。’”

林肯当总统时，最亲密的朋友就是奥维尔·布朗宁，是伊利诺伊州的参议员。他们彼此认识有25年之久，布朗宁常去白宫晚餐，有时也在那里夜宿。他有一本详细的日记，但我们不知道他到底对林肯夫人有过什么批评，因为获准阅读日记的人，都必须誓约绝不提起她的任何缺点。这份文稿最近卖出付印，但附有条件，在印书之前，有关林肯夫人的叙述一概删去。

在白宫的宴会上，照例总统须选择一位女客，和他领队进入餐厅。

但是管他习惯也好，例规也好，林肯夫人总是不能容忍啊！什么话？别的女人走在她前面？扶着总统的手臂？绝对不可！

于是，她随心所欲，令华盛顿的社交圈大为哗然。

她不但不许总统和另一个女子同行，甚至他和别的女子谈话时，她都妒忌地望着他，批评他。

要参加大宴会以前，总统都要走到他那位善妒的妻子跟前，问问他可以和谁谈话。她就把每一个女子一一提起，说她讨厌这个，憎恶那个。

“但是，”他不免抗议一句，“我必须和人家谈话呀！我不能像个傻子，站在那里，一言不发呀！假如你不肯告诉我可以和谁谈话，那么请告诉我，不可以和谁说话。”

她仍坚持己见，也不管结果如何。有一次，她威胁林肯，如不提升某一个军官，她就当众趴在泥巴里。

另外一次，在重要的会议中，她冲进办公室，唠叨不休。林肯也不回答什么，安详地起身，将她抱起，送出门外，回身把门锁上，继续谈论事情，若无其事一般。

她去请教一个招魂的人，他告诉她，林肯的内阁全是他的仇敌。

那并没有使她惊讶，她本来就不喜欢他们。

她看不起西华德，叫他“伪君子”、“废奴主义的小人”，说他不可靠，并警告林肯不要理他。

“她对蔡斯的敌意，”吉克雷夫人说，“极为深刻。”

其理由之一就是：蔡斯的女儿凯迪和一个富人结婚了，又是华盛顿社交圈里最美丽动人的女子。凯迪有时参加白宫宴会；而令林肯夫人极为怨恨的是，她会吸引男客们到她面前，她的风头太健。

吉克雷夫人说：“林肯夫人最嫉妒别人比她更有名气，她极不愿意蔡斯的女儿因父亲位居高官，而获得社交地位。”

激动又愤怒，她再三催促林肯，将蔡斯从内阁中除去。

她厌弃史坦登，他若对她有所批评时，她就将书籍或报纸上，描写他脾气暴躁而遭人厌恶的报道，寄给他以示报复。

对于这些毒骂，林肯总是说：“你弄错了；你太过偏见，而且不停下来思考一番。我若听从你，不久便没有内阁了。”

她非常不喜欢安德烈·约翰逊；她恨马克廉；她藐视格兰特，喊他为“倔强的傻瓜和屠夫”，并说她若领兵还比他强些，又常说，假如他当选总统，则在他任内，她一定远离美国，永不回国。

“唔，”林肯说，“假定我们准你带兵，你一定比任何将军都要做得好些。”

李将军投降后，格兰特将军和夫人来到华盛顿。全城灯火满天，群众歌舞升平，到处是狂欢焰火；于是林肯夫人写信给将军，邀请他与她和总统，一同乘车游街“看看热闹！”但她没有邀请格兰特夫人。

过了几天，她邀请格兰特将军夫人和史坦登部长夫人，坐在总统包厢里看戏。

史坦登夫人一接到请帖，赶忙去见格兰特夫人，问她是否要去。

“除非你也接受邀请，”史坦登夫人说道，“否则，我将予婉谢。你若不在座，我是不愿与林肯夫人同坐一包厢的。”

格兰特夫人不敢接受。她知道若是将军走进包厢，观众一定会热烈鼓掌，欢迎这位“阿波麦托的英雄”！

这样一来，林肯夫人将会怎样呢？那是无法预料的，或许又会当众大闹一场。

格兰特夫人于是谢绝了邀请，史坦登夫人也一样，也许便因此而救了她们丈夫的命。因为就在那天晚上，布斯潜入了总统的包厢，射杀林肯；假若史坦登和格兰特也在座，或许也会被射杀了！

28.

1863 年，有一群维吉尼亚的蓄奴大资本家，出资成立一个秘密组织，其目的就是要谋杀亚伯拉罕·林肯。1864 年 12 月，亚拉巴马州塞尔马的一家报纸上出现了一条广告，呼吁大家捐款，也是为了这个目的。同时南方其他各州的书报，也为他的死亡而有重金悬赏。

可是，最后射杀了林肯的人，既非为了爱国，亦非为了钱。约翰·威尔克·布斯干了这件事，是为了要出名啊！

布斯是何等人呢？他是一个戏剧演员，天生极得人心，具有个人的吸引力。林肯的秘书说他是，一如希腊神话中的美男子，是他自己世界中的天之骄子。弗朗西斯·威尔逊，在他写的布斯传记里面，声称“他是世界上成功的情人……当他走过时，女子们在街上都停下来，不自觉地望着他兴叹！”

当布斯23岁时，便已成为戏剧界的偶像；他最出名的角色是罗密欧，无论他在何处演戏，热情女郎总是写给他很多书信。他在波士顿演出时，成群的妇女挤在德烈门特戏院前，望眼欲穿地只为看他一眼。一夜，一个妒忌的女演员亨利亚达·欧尔文，在旅馆房间里向他刺了一刀然后自杀。而在布斯射杀了林肯的第二天早晨，他的另一个情人，爱尔拉·特尔诺，晓得了她的情人居然成为谋杀犯，便逃出了城市，心中忧苦至极！就把他的照片紧抱在胸前，也服毒自杀。

但这许多女性的逢迎爱慕，给布斯带来幸福了吗？很少！因为他的胜利几乎全在中下层社会，然而他心中一直有个火热的野心，就是要在大城市博得喝彩！

不过，纽约的评论家觉得他不行，而且在费城他竟然被轰下台了。

这太气人了！因为布斯家有许多名演员。30年来，他的父亲邱尼司·布鲁达斯·布斯，一直是第一流的明星。他演出莎士比亚的角色，是人人皆知的。是美国戏剧史上史无前例的成就啊！老布斯最爱约翰·威尔克，使他自信将来是布斯家中最伟大的一个。

可是事实上，约翰·威尔克并没有具备多少天分，他又不肯努力。他长得漂亮，被宠坏了！又懒惰，他总是懒得学习。相对地，他蹉跎了他的年轻时代，专爱骑马，在马里兰农庄的树林里奔驰，对着树木或松鼠发表英雄般的演说，拿着一支墨西哥战争时用的长枪，在空中胡乱挥舞。

老布斯家不许吃肉，而且教儿子们不可杀生——甚至响尾蛇也不可。但是约翰·威尔克显然不受他父亲的影响，他喜欢射击和破坏。有时候他拿着枪对着猫或猎犬乱打一阵，有一次他竟然杀死了邻居的一只猪。

后来他在启沙比克湾捉牡蛎，之后成为一位演员。他已26岁了，是热情女孩们的偶像，但在他自己眼中，他还是失败的。而且，他非常妒忌哥哥爱德恩，因为他看到爱德恩得到了他一直所热切渴望的名声。

他沉思许久，终于决定要使自己一夜成名。

这便是他的第一个计划：他晚上跟随林肯到戏院，趁着他的同谋者熄灭灯光的时候，布斯便冲进林肯的包厢，将他捆绑起来，扔下舞台，由后门送出去，丢入马车里，在黑夜中奔驰而去。

努力加速奔驰，他可在黎明前到达烟草港镇上。然后他乘船渡过波多马克河，骑马奔驰南下，冲过维吉尼亚州，直到他把这位北军总司令，安全地送到李奇蒙南军的刺刀前。

然后呢？

唔，那么南方就可以开列条件，使战争立刻停止。

这样辉煌的成就要归于谁呢？就是天才约翰·威尔克·布斯啊！他便可以加倍成名，比他的哥哥爱德恩出名一百倍，在历史上他可以和威廉·泰尔相比——这便是他的梦想。

那时他在戏院一年可赚两万元。如今金钱对他没有多少意义了，因为他正为着远比物质更重要的名声而奔波呀！他用存款供给一班南方联盟的人，就是他在巴尔的摩和华盛顿一带找出的一群同情南方的人。布斯向他们保证，他一定会富有而且成名。

至于他们，是多么杂乱的一群啊！司邦格勒，一个酗酒的养牛兼捉蟹者；阿泽洛，目不识丁的油漆匠、走私商，有着细丝般的头发和颊髭，是个粗暴凶野的家伙；安诺德，游手好闲的农夫，也是南军的逃兵；欧拉林，马厩的工人，浑身是马和威士忌酒的气味；苏拉特，一个爱摆架子的傻店员；鲍威尔，一文不名的粗汉，眼光凶狠，半疯癫，是一位浸信会牧师的儿子；赫楼，一个愚蠢的懒惰虫，整日在马棚里闲荡着，谈论马和女人，全靠他的寡母和7个姊妹所给的零用钱过日子。

就靠着这一批不成材的同党，布斯正准备要扮演他一生中的重要角色呢！他不惜耗费时间和金钱。他买了一副手铐，在适当地点安排了接替用的快马，买了3艘船，安置在烟草港的小湾，装备了桨和船夫，随时准备一有机会，便要出发。

终于，1865年1月，他认为时机已到，林肯要在那个月18日上福特戏院，去看爱德恩·福烈斯特演出的《杰克·开德》。消息传遍全镇，布斯也听到了，于是那天晚上他准备好绳索，怀着满腔希望——结果呢？什么也没有！林肯没有出来。

两个月后，据说林肯在某一天下午要乘车出城，到附近一个军营里看戏。于是布斯和他的同谋们，骑着马，带着猎刀和手枪，躲在总统要经过的树林里。但是当白宫的马车经过时，林肯却没有在里面，又碰壁了，布斯气极了！咒骂着，拉着他那乌黑的胡须，并用马鞭打着靴子。他受够了！他不要再上当了。假若他不能够逮捕林肯，老天在上，他就杀死他。

几个礼拜后，李将军投降了，而战事也结束了，布斯知道此时活捉总统也没有什么意义，便决意要射杀林肯。

布斯不必久等了。在下个星期五，他理好头发，到福特戏院去拿信件。听说当天晚上有一个包厢是总统定的。

“什么？”布斯叫起来了，“那个老流氓今晚会来吗？”

舞台管理员已经在准备今晚的大事。左包厢悬挂着国旗，背后衬着花边帐幕和华盛顿的画像，并拆除中间的壁板，加宽包厢，糊上大红纸，又特地放了一张胡桃木制的大摇椅，以使总统的长腿得以舒适地伸展。

布斯向一个舞台工役贿赂，将摇椅放在他所希望的位置——放在包厢里最靠近观众的角落，这样一来，就没有人会留意到他进来。在摇椅后面有一个门，他在门上钻了一个小洞；又在由前排通到包厢的门后的墙壁上，挖了一个缺口，这样，他可以用木板来拦住门口。之后，布斯回到旅馆，写了一封长信给《国内消息》的编者，说明这次谋杀是出于爱国心，并宣称后世的人一定会尊敬他。他签字后交给一个演员，吩咐他第二天发表。

然后他又去租了一匹栗色的马，他夸它跑得“像一只猫”般的轻快迅速，而后召集他的同谋者，叫他们也都找来坐骑；他交给阿泽洛一支枪，要他射杀副总统；又给鲍威尔一支手枪和刀，吩咐他谋杀西华德。

那天是星期五，平常是戏院生意最清淡的日子，可是那天镇上都挤满了军官和士兵，都想要瞻仰这位军队的总司令，城里还是欢欣鼓舞着，庆祝战争结束了。凯旋拱门仍旧横跨在宾夕法尼亚大街上，街上喜气洋溢，有舞蹈和火把的游行。那晚当总统乘车上戏院时，人民高声欢呼。他到达福特戏院时，已经客满，有几百个人竟然买不到票了。

第一幕演到一半时，总统一伙人才进场，刚好是 8 点 40 分。演员都暂停，鞠躬致敬。盛装的观众高呼欢迎，乐队奏起《向领袖致敬》，林肯点头答礼，分开礼服的燕尾，坐在红绒的胡桃木摇椅上。

林肯夫人的右边坐的是她的客人：拉斯朋少校和他的未婚妻克丽拉·哈利斯小姐，亦即纽约参议员伊拉·哈利斯的女儿，在华盛顿社交圈内颇有地位，为林肯夫人所欣赏。

罗拉·金尼正在演出有名的喜剧《我们的美国表亲》，场面轻松愉快，满堂的观众，笑声荡漾不已。

林肯下午曾和他的妻子驾车出游；她后来说，那天他似乎显得比平日更高兴。为什么不呢？和平、胜利、联邦、自由。那天下午他向她提起，在他第二任职期满后，他打算做些什么事。他们要在欧洲或加州休息许久；回来后，他或许要在芝加哥开一个律师事务所，或是返回春田市，静度他的余年，如从前一般，乘车巡回出庭，这是他所爱的。他在伊利诺伊州认识的几个老朋友，也在那天下午到白宫来看他，他忙着谈笑，以致林肯夫人几乎没法儿催他去吃晚饭。

前一天晚上，他做了一个怪梦。早晨他向内阁人员谈起：“我像是乘坐一艘很特别而无法形容的船，”他说，“那船以极快的速度，驶向一个黑暗而无边的对岸。我每次面临大事或胜利前，必做这种不平常的梦。在安提坦、石河、盖茨堡、维克斯堡之战前，我都曾经有过这个梦。”

他相信这个梦是吉兆，预告着好消息，有什么美妙的事情即将发生。

10 时 10 分，布斯喝够了威士忌酒，穿着暗色的骑马裤、马靴和马刺，最后一次进入戏院——并且注意了总统的座位。手里拿着一顶黑色的软边帽，他就上了那通到前排的楼梯，在排满椅子的通路里挤过去，直走到通至包厢的走廊上。

总统的守卫挡住他，布斯出示他的名片，堂而皇之地说总统要召见他；也不等守卫的允许，便推门挤进去，随手关上走廊的门，用一根木条把门顶住。

他先在总统背后门上的小洞里偷看，目测好距离，然后安静地打开门。把枪口对准林肯的头部，扣动了扳机，然后迅速地向舞台上一跳。

林肯的头向前低垂，然后再向旁边倒下。

他没有发出任何声音。

起初，观众以为枪声和跳到舞台的那个人都是剧情的一部分。连演员在内，没人知道总统遇害了。

然后，有女子的尖叫声，划破了戏院，大家的眼睛都集中在那个包厢。拉斯朋少校手臂上流着鲜血，大声嚷道：“抓住那个人！抓住他！他刚射杀了总统！”

一时静默无声，一缕烟由总统包厢里飘出来。忽然秩序大乱起来，观众都恐慌而狂乱。他们由座位中跳出来，打断栏杆，又想爬上舞台，拉拉扯扯，彼此践踏。有人骨头被踏断，女人们呼喊、昏倒，又有尖声怪叫，夹着凶狠的嚷闹：“吊死他！……”“枪毙他！……”“烧掉戏院！”

有人叫嚷戏院也会被炸毁，人心愈加恐慌。一队慌张的士兵加速冲进戏院，枪口上着刺刀，指向群众，嚷着：“滚出去！去你的！滚开！”

观众中有医生来查验总统的伤口，知道那是致命之伤，就不肯把这个垂死的人，摇摇晃晃地从石子路上送回白宫。

于是，四个士兵把他抬起来——两个抬肩、两个抬脚，扛着他那副细长的身体，走出戏院，过了街道。他的伤口流出鲜血，染红了街道；人们跪下，以手帕来蘸血——这些手帕他们将毕生视为至宝，传给子孙。

凭着闪亮的军刀和直立起来的马匹，骑兵们冲开一条路。受伤的总统被抬过街道，到对面一个裁缝师住的破公寓里，把他安放在一张塌陷的床上，并将床拖到发着黄光的煤气灯下。

那是一间 9 英尺宽 17 英尺长的房间，床头上方悬挂一张罗沙·包诺尔画的《马市》复制品。

这件悲惨的消息，像一阵飓风似的传遍了华盛顿；而紧接着又有坏消息传来：在林肯被射杀的同时，西华德国务卿也在床上被人用刀刺伤，恐怕活不成了。除此之外，还有更令人害怕的谣言，在那天夜里像闪电似的传开了：副总统约翰逊被杀，史坦登被暗杀，格兰特也被射杀了。谣言四起！

人们以为南军的投降是一种诡计，南方联盟的人奸诈地潜入华盛顿，设法一网打尽政府的要员们，然后南方的军队再武装起来。如此一来，另一次更残酷的战争就要再爆发了。

神秘的送信者在住宅区乱跑，在人行道上轻敲两下，连续三次——这是一个秘密组织及联邦同盟的危险信号。听了这信号，会员们都抓起枪支，慌忙向街上狂奔而去。

群众举起火把、拿着绳索，满街乱跑乱嚷：“烧掉戏院！”“吊死这个卖国贼！”“杀死叛徒！”

那真是疯狂混乱的一夜！

电报很快传出消息，使全城激动起来。那些平日对南方表示同情的人，都被绑在柱子上，受人嘲骂戏弄，涂以焦油插上羽毛；有些人的头颅则被人用石头打破。巴尔的摩的美术陈列馆被人捣毁，因为里面有布斯的画像；在马里兰有一个编辑被人用枪杀死，因为他曾经登载过一些无礼谩骂林肯的文章。

总统垂死；副总统约翰逊酩酊大醉，卧在床上，他的头发沾满污泥；国务卿西华德被刺垂危。于是，行政大权便操在那粗暴而个性乖戾的国防部长爱德华·史坦登手中了。

史坦登认为所有的政府高级官员都会被杀，在十分紧张中，他不断发出命令，守候在他垂死的长官床边，利用高帽子做垫子写命令。他吩咐卫兵要严加看守他和同僚们的住宅；他没收福特戏院，并且逮捕每一个与它有关联的人；宣布华盛顿是在被包围的状态下。他动员了哥伦比亚区内的全部军警、附近军营或要塞区的军队、全国的秘密警察以及军法局的密探；他在全城每间隔50英尺处放哨；每一个渡口派人看守，命令汽船和兵舰巡逻波多马克河。

史坦登拍电报给纽约的警察厅长，要求赶紧派遣最好的警探来；吩咐要严守加拿大边境；又吩咐巴尔的摩俄亥俄铁路公司的总经理，把在费城的格兰特将军拦截，立刻送回华盛顿，且须在他的列车前头，附加一部开路车。

他派遣一队步兵到马里兰南方港，又派1000个骑兵急缉谋杀犯，不住地说道：“他一定会向南方逃。由城里起，要仔细看守波多马克河。”

布斯打出的子弹，由林肯左耳下射入头部，斜穿过大脑，在靠近右眼半英寸处止住。若是精力稍差的人早就完了；但林肯却又活了9个小时之久，痛苦地呻吟着。

林肯夫人被安顿在别的房间里；但每小时她总是坚持要回到他的床边。她哭喊着：“啊！上帝，我的丈夫真要死去了吗？”

有一次，当她抚摸着他的脸，把自己潮湿的面颊贴近他时，他忽然沉重地呻吟起来。这位精神狂乱的总统夫人，尖声疾叫，便昏倒在地上。

史坦登一听到这阵骚动，慌忙冲进来，嚷道：“把这个女人带走，不要再让她进来了！”

7 点钟后，呻吟声停止了，林肯的呼吸变得平静。

“一种说不出的平静，”他的一位秘书写道，“呈现在他那疲惫的脸上。”

有时人在去世之前，神志会突然清醒片刻。

在这最后平静的片刻里，或许在他那隐秘的心版上，充满快乐的回忆，久已忘怀的回忆——在印第安纳州鹿角谷的小屋前，用圆木头生火过夜；桑嘉孟河冲过新沙连的磨坊堤，发出轰轰巨响；安妮在纺纱轮旁唱着歌；老白马吃着玉蜀黍；奥兰德说着那口吃法官的笑话，以及春田市的律师事务所墙上有墨水渍印，书架上有花种萌芽。

在这生死挣扎的漫长时间内、一位军队医官——李勒医生，一直坐在林肯的床边，握着他的手。7 点 22 分，医生放好林肯那已无脉息的双臂，在眼皮上放了半元的银币，以便使眼睛闭上，又用手绢缚紧他的下颚。牧师做了祷告。外面冷雨凄凄，打着屋顶。巴恩斯将军用床单盖住了总统的脸；史坦登一边哭，一边拉下窗帘，遮住晨光，说了一句值得纪念的话：“如今他是永垂青史了！”

第二天，小泰德问一位到白宫来的访客，他的父亲是不是在天堂。

“我丝毫不怀疑啊！”客人答道。

“那么，我很高兴他已经去世，”泰德说道，“因为自从他来这里以后，从未快乐过，这个地方对他是不相宜的。”